Devenir Riche Avec Une Petite Mailing List: Le Système Email Marketing Complet Pour Construire Et Transformer Une Mailing List (Même Petite) En Poule Aux Oeufs D'Or.

Copyright © 2016, Remy Roulier

TABLE DES MATIÈRES

INTRODUCTION.

Si vous avez un blog ou un site Internet ou envisagez d'en avoir un, alors vous avez peut-être entendu des centaines de fois la rengaine que répètent sans cesse de nombreux marketeurs :

"L'argent est dans la liste !"

Cela sonne très prometteur, et la grande majorité des gens adoreraient avoir une liste qui leur permette de devenir riches s'ils le pouvaient.

Le problème, c'est que 99% des gens ne savent pas comment s'y prendre, et surtout ne savent pas comment s'y prendre pour ne pas que ça leur prenne tout leur temps disponible.

C'est pourquoi cette formation va vous permettre de faire partie de l'extrême minorité des gens qui vont savoir exactement comment s'y prendre.

Elle va vous donner un système d'email marketing complet fait de procédures simples et prouvées pour construire et gagner beaucoup d'argent avec votre mailing list en la transformant en véritable poule aux oeufs d'or.

Ainsi, cette formation est parfaite pour vous si vous n'avez actuellement pas de mailing list et que vous souhaitez en construire une afin de vendre des produits en ligne.

Cette formation est également parfaite pour vous si vous avez une petite liste et que vous ne faites pas les profits que vous souhaitez avec cette liste. Vous découvrirez dans cette formation exactement ce qu'il faut faire, quand le faire et comment mesurer les résultats.

Cette formation s'adresse aussi à vous si vous avez une liste que vous considérez comme étant morte, c'est-à-dire qui n'ouvre plus vos emails, qui ne clique plus sur vos liens ou qui n'achète plus vos produits. Vous y verrez tout ce dont vous avez besoin pour ramener votre mailing list à la vie et la rendre extrêmement lucrative.

Enfin, cette formation est pour vous si vous avez une grande mailing list mais que vous savez au fond de vous que vous pourriez largement en extraire plus d'argent.

Si vous suivez les principes prouvés que vous allez découvrir dans cette formation, alors vous serez en mesure de construire et maximiser les profits de n'importe quelle liste, qu'elle soit grande ou petite, et de bâtir votre indépendance financière voire même une véritable fortune.

Ainsi, voici tout ce que vous allez découvrir dans cette formation qui va se dérouler en trois modules :

Module #1
A la fin de ce premier module, vous aurez tous les outils en main pour construire votre mailing list en partant de zéro.

Vous allez dans un premier temps découvrir les 4 stratégies prouvées les plus efficaces pour bâtir votre mailing list de prospects ciblés en un minimum de temps.

Vous verrez ensuite 12 moyens redoutables pour augmenter encore vos taux de conversion en termes d'inscrits en fabriquant une envie irrésistible qui poussera les gens de s'y inscrire.

Enfin, vous découvrirez le danger secret de trop donner de cadeaux gratuits et vous verrez l'impact que cela peut avoir sur la qualité de votre mailing list.

Module #2

Dans ce deuxième module, vous allez voir tout ce qui concerne la manière de cultiver votre mailing list.

Vous allez découvrir tout un ensemble de méthodes à mettre en pratique qui vont vous permettre de démarrer et construire une solide relation gagnant-gagnant avec les membres de votre liste, qui sera basée sur la confiance et qui se prolongera pour de nombreuses années à venir.

Module #3

Dans ce troisième module, vous apprendrez à gérer vos emailings de manière à maximiser vos taux d'ouverture, vos taux de clics ainsi que vos ventes.

Vous découvrirez d'abord à quelle fréquence envoyer vos emails pour avoir les meilleurs résultats.

Vous verrez ensuite les 7 meilleurs types de contenus à envoyer à votre mailing list, puis les meilleurs jours et heures de la semaine pour les leur envoyer.

Ensuite, vous allez voir par quel moyen envoyer vos emails, comment les mettre en forme en termes de format, longueur ou largeur.

Enfin, vous découvrirez combien créer de mailings lists et pourquoi.

A la fin de cette formation, vous aurez donc tous les outils dont vous avez besoin.

Vous pourrez construire une mailing list de qualité composée exclusivement de prospects ciblés quelle que soit votre thématique.

Vous saurez également comment redonner vie et extraire un maximum d'argent de n'importe quelle liste, qu'elle soit grande, totalement inactive actuellement, ou même très petite.

En effet, vous connaitrez la méthode qui vous permettra de construire facilement une relation de confiance à long terme avec vos inscrits, à les transformer en clients récurrents et en véritables ambassadeurs qui feront l'éloge autour d'eux de votre site ou blog.

Avant de commencer avec le premier module, il est important de couvrir encore quelques points importants dans cette introduction.

Le premier est de voir tout d'abord si la taille d'une liste est vraiment importante, et de voir combien d'argent vous pouvez en général espérer gagner.

Le deuxième est de découvrir la formule en 4 étapes qui transforme les gens en clients récurrents et en véritables ambassadeurs.

La taille d'une liste compte-t-elle vraiment et combien espérer gagner.

Une idée fausse très commune concernant le fait d'avoir sa propre mailing list est de croire qu'il faut qu'elle soit très grande avant de pouvoir gagner beaucoup d'argent avec.

Rien ne peut être plus loin de la réalité.

En effet, une petite mailing list peut être extrêmement lucrative si vous développez votre liste correctement, ce qui est le but de cette formation.

Vous devez savoir qu'il y a beaucoup de marketeurs actuellement qui gagnent beaucoup d'argent avec une liste de 5000 à 20000 inscrits.

Ainsi, votre premier but devrait déjà être d'avoir 1000 inscrits, car c'est souvent à partir de ce niveau que vous pouvez commencer à faire des bénéfices considérables.

Lorsqu'on parle de bénéfices considérables, voici un ordre de grandeur pour vous permettre d'avoir une idée plus précise.

Il est par exemple possible de gagner 750 euros avec une mailing list de 1000 personnes, en vendant par exemple un produit à 20 euros.

Bien entendu, tout dépend du ciblage de vos inscrits, s'ils ont un comportement actif au sein de votre mailing list, ou encore du type et du prix de produits que vous vendez.

Ainsi, vous pouvez gagner probablement bien plus, ou bien moins si vous vous y prenez de la mauvaise façon.

Mais pour être clair, il y a des personnes en ligne qui prétendent gagner des sommes indécentes avec des listes de moins de 1000 personnes, et se vanter faire des profits de l'ordre de plusieurs dizaines de milliers d'euros avec un simple email.

Soyez extrêmement prudent avec ce genre d'affirmations, car la réalité est souvent toute autre.

Il est difficilement crédible de voir n'importe quel marketeur construire une liste de moins de 1000 nouvelles personnes (c'est-à-dire de personnes qui expriment un intérêt pour un produit et qui rejoignent une liste pour simplement en savoir plus), et ensuite prétendre générer avec cette liste des dizaines de milliers d'euros avec un simple email.

En revanche, il est tout à fait possible de générer de très larges profits avec une mailing list composée de moins de 1000 personnes, mais que ces personnes soient uniquement des clients qui ont déjà acheté des produits à prix élevé (100, 200, 500 euros voire plus).

Cependant, la différence ici est vitale.

N'allez pas penser que vous pouvez construire une liste de moins de 1000 personnes en partant de zéro et faire 10 000 euros ou plus immédiatement avec un simple petit email.

Ce n'est tout simplement pas le monde réel.

En revanche, vous pouvez construire une mailing list de plusieurs milliers de personnes en un minimum de temps, développer votre liste de la bonne façon, et commencer à générer des profits extrêmement intéressants en un temps très raisonnable.

La clé ici est de mettre en place les bonnes pratiques, c'est-à-dire les pratiques qui vont faire du temps votre allié et qui vous permettront de maximiser la valeur de chaque visiteur ou contact commercial que vous faites.

Voyons voir maintenant pour terminer cette introduction la formule en 4 étapes qui transforme les gens en clients récurrents et en véritables ambassadeurs.

La formule en 4 étapes qui transforme les gens en clients récurrents et en véritables ambassadeurs.

La première étape de cette formule consiste à se faire aimer de vos visiteurs.

En effet, lorsque vos lecteurs vous apprécient, ils vont vouloir naturellement en savoir plus, avoir davantage d'information ou en lire plus.

Vous faire aimer de vos lecteurs est facilement, comme on le verra dans cette formation.

La deuxième étape consiste à créer de la confiance et de la crédibilité.

La confiance et crédibilité ne peuvent uniquement être construites qu'avec le temps et en apportant de la valeur.

Vous apprendrez exactement comment faire dans cette formation.

La troisième étape consiste à transformer les gens en clients.

Lorsque vous aimez une personne et que vous lui faites confiance car elle est crédible à vos yeux, et lorsque vous avez besoin d'acheter un produit, vous vous tournerez naturellement en direction de cette personne.

Vos lecteurs fonctionnent de la même façon.

Vous découvrirez dans cette formation comment amener vos lecteurs à acheter chez vous.

Enfin la quatrième étape consiste à vous faire recommander par vos inscrits qui se transformeront en véritables ambassadeurs qui feront votre éloge autour d'eux.

Il n'y a pas de méthode de promotion plus puissante sur Internet que le bouche à oreille.

Un ami qui dit à un autre ami qu'il apprécie et croit une personne ou un produit vaut tout l'or du monde en business.

Cet or ne peut pas être acheté, il peut seulement être gagné.

Cette formation vous montrera exactement comment.

Il est maintenant temps de commencer à construire votre mailing list avec le premier module en page suivante.

MODULE #1: LES 4 STRATÉGIES PROUVÉES LES PLUS EFFICACES POUR CONSTRUIRE UNE MAILING LIST DE PROSPECTS CIBLÉS EN UN TEMPS RECORD.

Lorsqu'il s'agit de construire sa mailing list ou ce qu'on appelle le "list building" en anglais, on trouve de tout et de n'importe quoi en termes de techniques sur Internet.

Bien qu'Internet pullule de ce genre de techniques, la plupart d'entre elles ne fonctionnent pas (car si elles fonctionnaient personne n'aurait de problème pour construire une liste) ou vous apporteront des prospects non ciblés qui n'achèteront probablement jamais.

Lorsqu'on regarde de plus près, il ne reste finalement qu'une poignée de stratégies vraiment efficaces pour bâtir une liste de prospects ciblés en un minimum de temps.

Vous allez ainsi voir dans ce premier module les 4 stratégies les plus efficaces pour vous permettre de construire une mailing list de prospects ciblés en un temps record.

La première stratégie va vous montrer comment transformer votre site web en aspirateur à inscrits à votre mailing list.

La deuxième stratégie vous montrera comment utiliser la coregistration pour obtenir des inscrits ciblés sans vous faire avoir.

La troisième vous expliquera comment profiter gratuitement du trafic des autres par la technique du swaping.

Enfin, la quatrième stratégie va consister à détourner la publicité payante ou gratuite pour vous permettre de construire votre liste à partir de sources de trafic que vous n'auriez jamais pu atteindre autrement.

Chacune de ces stratégies est importante.

En les utilisant toutes ensemble (ce que font la grande majorité des marketeurs professionnels), vous pourrez créer une liste très puissante en un temps extrêmement court.

Une fois que vous aurez découvert ces 4 stratégies, vous verrez 12 moyens redoutables pour maximiser vos taux d'inscriptions avec des prospects ciblés en donnant une envie irrésistible aux gens de s'inscrire.

Puis, vous terminerez ce module en abordant le danger de donner trop de cadeaux gratuitement.

I.1- Stratégie n°1 : Comment transformer votre site web en aspirateur à inscrits à votre mailing list.

Le premier endroit et certainement le meilleur où regarder pour construire votre mailing list est votre site web ou votre blog.

Les visiteurs de votre site n'y viennent pas par hasard. Ils viennent pour découvrir vos nouveaux contenus et les produits que vous proposez.

En clair, vos visiteurs sont souvent les meilleurs prospects que vous puissiez avoir, et ceux qui seront le plus à même d'ouvrir vos emails, d'être demandeurs et réceptifs aux informations que vous leur donnez.

Dans la plupart des cas, ils ont trouvé votre site soit en voyant une publicité, en vous trouvant sur un moteur de recherche, en lisant un de vos articles, en vous suivant sur les réseaux sociaux, ou en ayant entendu parler de vous par un ami.

Peu importe la manière dont ils vous ont trouvé, ils constituent les prospects les plus prédisposés à vouloir en savoir plus sur vous et vos offres.

C'est pourquoi il va falloir à tout prix qu'ils rejoignent votre mailing list.

Voici 7 techniques clés pour transformer votre site web en aspirateur à inscrits et obtenir un maximum d'inscrits à votre mailing list, à partir du trafic existant que vous avez déjà, qu'il s'agisse de 10 ou 1000 visiteurs par jour.

Technique n°1 pour transformer votre site en aspirateur à inscrits.

La première technique consiste à mettre un formulaire d'inscription à votre mailing list en haut à droite de la page principale de votre site ou de votre blog.

L'expérience montre que c'est l'endroit qui converti le mieux les visiteurs en inscrits.

Si votre barre de navigation est sur la gauche, vous pouvez aussi mettre votre formulaire ici.

L'idée est que votre formulaire soit le plus visible possible, et en général le meilleur endroit pour ça se situe en haut de la page, avant que le visiteur n'ait besoin d'utiliser la molette de sa souris pour descendre dans votre page.

Par ailleurs, vous essaierez d'avoir sur ce formulaire le message le plus court possible, comme par exemple *"Inscrivez-vous pour en savoir plus"*, *"Obtenez des mises à jour"*, ou encore *"Cliquez ici pour télécharger le PDF"*.

Faites passer votre message le plus rapidement possible et n'allez pas faire de longues phrases. Allez droit au but.

Technique n°2 pour transformer votre site en aspirateur à inscrits.

La deuxième technique consiste à ajouter, en plus de votre page principale, un formulaire d'inscription sur chacune des pages de votre site ou blog.

En effet, cela prend parfois un peu de temps avant que les visiteurs commencent à vous faire confiance et à vouloir vous donner leur adresse email.

Aussi, il se peut qu'ils aient besoin de naviguer un peu sur votre site ou lire quelques articles sur votre blog.

Le problème est que s'il n'y a pas de formulaire sur la page où ils sont au moment où ils ont suffisamment confiance pour vous laisser leur adresse, alors vous allez perdre l'opportunité de capturer l'adresse email de ces visiteurs car ils ne vont pas se mettre à chercher pour trouver le formulaire.

C'est la même chose si un visiteur tombe directement sur un de vos articles via un lien Google. Même s'il veut s'inscrire, il ne trouvera pas de formulaire et ne pas probablement pas commencer à le chercher.

Et même si un visiteur commence à chercher le formulaire, le problème est qu'il perdra le fil de sa lecture ou sa place dans votre site, ce qui peut potentiellement vous faire rater une vente si votre article redirige vers une page de vente.

Mettez donc des formulaires sur chaque page de votre site ou de votre blog.

Si vous avez un blog, mettez un formulaire en bas de chaque article que vous créez.

Technique n°3 pour transformer votre site en aspirateur à inscrits.

La troisième technique va accroitre de manière drastique le nombre d'inscrits à votre mailing list.

Elle consiste à utiliser un pop-up ou une lightbox à l'arrivée sur votre site.

Il s'agit d'un formulaire d'inscription qui apparaît au bout d'un certain nombre de secondes quand le visiteur arrive sur votre site.

Il n'est plus question d'utiliser les anciennes méthodes qui font apparaître ce genre de fenêtre de manière agressive.

Par exemple, une lightbox est une sorte de surcouche à votre site web qui peut faire apparaître le formulaire avec un effet fondu, et en noircissant ou grisant le reste de votre écran afin de focaliser votre attention sur le formulaire.

Contrairement à ce que la plupart des marketeurs débutants pensent, avoir un pop-up ou un lightbox à l'arrivée sur votre site ne gêne pas les visiteurs.

Ce qui les dérangent, c'est lorsque ce genre de pop-up concerne une publicité qui n'a absolument rien à voir avec votre site ou blog.

Mais tant que ce pop-up ou cette lightbox est en rapport avec ce qu'il y a sur votre site, il n'y a aucun problème

Par ailleurs, sachez que vous perdrez des inscrits si vous n'utilisez pas cette technique très puissante.

Technique n°4 pour transformer votre site en aspirateur à inscrits.

La quatrième technique reprend le principe de la troisième, sauf qu'il s'agit cette fois de mettre un pop-up qui va s'afficher lorsque le visiteur quitte votre site.

Certains marketeurs mettent une enquête dans ce pop-up de sortie, comme le fameux "May I ask why you aren't buying" (Puis-je demander pourquoi vous n'achetez pas) rendu célèbre par Alex Mandossian.

C'est une excellente idée, mais à moins que vous ne souhaitiez utiliser la méthode d'Alex Mandossian, préférez faire une dernière offre pour donner un cadeau gratuit. Ça fonctionne du tonnerre.

La formulation de votre message sur ce pop-up de sortie est important.

Par exemple, vous pouvez mettre quelque chose du style *"Attendez! Ne partez pas sans XXX"*, XXX étant le cadeau que vous allez donner en échange d'une inscription à votre mailing list.

Si par exemple vous offrez en cadeau un ebook qui vaut 47 euros, vous pouvez écrire :

"Attendez! Ne partez pas sans votre ebook gratuit!".

Restez simple dans votre message, c'est la meilleure option ici.

Technique n°5 pour transformer votre site en aspirateur à inscrits.

La cinquième technique consiste à mettre des liens à des points clés de votre copie web (articles, pages de vente, etc.) sur lesquels les gens peuvent cliquer pour avoir plus d'information.

En effet, une vaste majorité des visiteurs ne va pas acheter sur premier coup.

En revanche, ils sont intéressés par votre contenu ou votre produit, sinon ils ne seraient pas ici.

Vous pouvez ainsi capitaliser sur cet intérêt en rajoutant quelques "cliquez ici pour en savoir plus gratuitement" bien placés.

Ces liens ressemblent à tout le reste du texte, à la seule différence qu'ils sont cliquables.

Lorsqu'un visiteur clique sur un de ces liens, votre formulaire d'inscription apparaît dans une fenêtre ou un nouvel onglet, afin que les visiteurs puissent s'inscrire puis continuer leur lecture.

Technique n°6 pour transformer votre site en aspirateur à inscrits.

La sixième technique consiste à utiliser des témoignages pour votre information de follow-up (c'est-à-dire les emails que vous allez envoyer régulièrement aux gens qui s'inscrivent) ou votre newsletter.

Les gens adorent lire des témoignages et en mettre sur votre site va faire une énorme différence sur le nombre de ventes et d'inscrits que vous allez avoir.

En effet, mettre un ou plusieurs témoignages vantant la qualité de votre information de follow-up permet à vos visiteurs de s'assurer qu'ils peuvent s'inscrire sur votre liste en toute sécurité et qu'ils vont recevoir beaucoup de valeur ajoutée.

Technique n°7 pour transformer votre site en aspirateur à inscrits.

La septième technique consiste à donner un cadeau en échange d'une inscription à votre mailing list, mais de ne pas en donner trop.

Nous verrons par la suite jusqu'où aller dans ce qu'on donne gratuitement, mais l'idée est que donner un cadeau contre une inscription fonctionne dans la plupart des situations.

Ceci termine cette première stratégie pour transformer votre site web ou blog en aspirateur à inscrits.

Si vus utilisez ensemble les 7 techniques clés qui viennent d'être décrites, vous allez faire du temps votre allié et voir augmenter le nombre d'inscrits à votre mailing list en un temps record.

Voyons maintenant la deuxième stratégie pour construire votre mailing list de prospects ciblés en un temps record.

I.2- Stratégie n°2 : Comment utiliser la coregistration pour acheter des inscrits ciblés sans se faire avoir.

Beaucoup de personnes ont entendu parler de l'achat de listes de prospects.

Toutefois, il ne faut pas faire ça n'importe comment pour ne pas se faire avoir.

Ainsi, il vous faut **éviter toutes les listes que vous achetez sur un CD ou que vous téléchargez sur Internet** où une entreprise vend par exemple un million d'adresses emails pour un prix très faible.

N'achetez jamais ce genre de listes qui sont des listes de spam qui peuvent non seulement ruiner votre réputation en ligne en vous faisant percevoir comme un spammeur, mais aussi vous faire perdre un temps précieux que vous auriez pu passer à faire du vrai marketing.

Maintenant que vous savez ce qu'il ne faut pas faire concernant l'achat de listes d'inscrits, voici comment vous pouvez en acheter de manière à ce que ça fonctionne pour vous.

Il existe des entreprises sur Internet qui savent comment construire rapidement des mailing lists. Elles le font tellement bien que c'est même leur business principal.

Ce type d'entreprises s'appelle des entreprises de coregistration, et elles peuvent vous être très utiles pour construire rapidement votre mailing list avec des prospects ciblés.

Voici comment elles fonctionnent.

Une entreprise de coregistration paie pour placer ses publicités sur des sites à fort trafic web.

Leurs publicités sont relativement générales mais très attrayantes pour les visiteurs. Elles offrent souvent un cadeau ou de l'information gratuite à propos d'un sujet donné comme par exemple la perte de poids.

Tout ce qui est demandé au visiteur est de remplir un formulaire pour recevoir le cadeau ou l'information en question, un peu comme ce que vous faites finalement sur votre propre site web.

Cependant, voici la différence majeure.

Une fois qu'un visiteur souscrit à leur liste, il lui est proposé de souscrire à d'autres listes de la même thématique.

Et dès qu'un visiteur souscrit par ce procédé à la liste d'un marketeur, alors ce marketeur paie un prix à l'entreprise de coregistration pour chaque visiteur obtenu.

Par exemple, imaginons que Pierre possède une entreprise de co-registration et qu'il place des publicités sur un site à fort trafic web qu'on va appeler site A.

Admettons que Emma visite ce site A et qu'elle clique sur la publicité de Pierre et s'inscrit à sa mailing list.

Au lieu de voir s'afficher une page de remerciement classique, elle voit à la place une page qui lui propose de rejoindre cinq autres listes sur la même thématique.

Si elle décide de rejoindre trois autres listes, alors les personnes à qui appartiennent ces listes vont payer des honoraires à Pierre.

C'est donc un modèle de business extrêmement rentable pour Pierre puisqu'il construit sa liste et en même temps il gagne de l'argent directement.

Utiliser la coregistration pour construire votre liste peut-être soit très bon soit très mauvais, selon ce que vous faites une fois que vous avez obtenu votre liste, et selon les questions que vous allez poser à l'entreprise de coregistration avant de vous engager avec elle.

Voici les questions à poser avant de vous engager avec une entreprise de coregistration et les réponses que vous devez obtenir pour maximiser les chances que votre opération soit un succès.

- A combien de personnes sera vendu l'email d'un inscrit ?

Autrement dit, lorsque l'entreprise de coregistration construit sa propre liste et propose ensuite l'inscription à des listes additionnelles (comme la vôtre), elle vend parfois les inscrits de sa liste à d'autres personnes, afin de gagner encore plus d'argent.

Ainsi, si l'email d'un inscrit est vendu à plus de trois personnes, méfiez-vous. En effet, si le pauvre inscrit pensait s'inscrire à une seule liste se retrouve avec des dizaines d'emails, il accusera probablement tout le monde de spam et supprimera son adresse email.

- A quelle date l'email a été récolté ?

Une des clés pour réussir avec la coregistration est d'avoir l'email de la personne qui s'inscrit à votre mailing list très rapidement après qu'elle ce soit inscrite.

Si l'entreprise de coregistration vend des informations datant de 30 jours, oubliez-là.

- Montrerez-vous uniquement ma mailing list ou y aura-t-il beaucoup de choix d'autres listes ?

Si l'entreprise de coregistration ne montre que votre mailing list, cela s'appelle de la coregistration exclusive, ce qui est évidemment l'idéal.

Moins la personne qui s'inscrit à la liste principale n'a de choix pour s'inscrire aux listes d'autres marketeurs, mieux c'est pour vous.

En supposant que l'entreprise de coregistration réponde correctement à ces questions, il va vous falloir agir rapidement avec les emails ainsi obtenus.

Voici une liste de ce qu'il faut faire avec les noms que vous achetez d'une entreprise de coregistration.

- Remerciez-les inscrits et présentez vous immédiatement.

Les nouveaux inscrits ont besoin d'avoir de vos nouvelles rapidement, avant qu'ils oublient qu'ils se sont inscrits à votre mailing list et qu'ils voulaient recevoir de l'information.

- Dites-leur comment ils peuvent quitter la liste.

Vous devez clairement leur mentionner comment ils peuvent de désinscrire de votre liste, et devez mettre un lien de désinscription en bas de chaque email que vous envoyez pour leur donner l'opportunité de le faire.

- Gardez vos messages courts.

Ce n'est qu'une fois seulement qu'ils seront sur votre liste principale que vous pourrez leur envoyer des messages de longueur normale. Pour le moment, vous cherchez à les séduire pour les pousser à rejoindre votre liste principale avec des messages courts et qui les aident sur le sujet sur lequel ils attendent à recevoir de l'information.

- Engagez-les dans une conversation en posant des questions.

Un excellent moyen de réchauffer une liste froide consiste à poser des questions. Vous pouvez leur demander de quoi ils ont besoin, comment vous pouvez les aider, ou leur demander de vous dire quelque chose sur eux qui vous aidera à mieux les servir.

Poser des questions est la meilleure technique de vente sur Terre, et cela permet aussi de leur montrer que vous êtes plus qu'un simple marketeur de plus qui essaie de leur refourguer des produits.

- Offrez-leur un cadeau pour les inciter à s'inscrire à votre mailing list principale.

Leur offrir un cadeau spécifique à la raison pour laquelle ils ont rejoint une liste fonctionne particulièrement bien.

Ainsi, le but avec les emails que vous obtenez grâce à la coregistration n'est pas d'envoyer des emails à ces personnes jusqu'à ce qu'elles achètent ou quittent votre liste (hélas, c'est pourtant de cette manière que beaucoup de marketeurs procèdent) mais plutôt de les convaincre de rejoindre votre mailing list principale en leur offrant un aperçu de ce que les membres réguliers de votre liste principale reçoivent.

Une fois que vous avez réussi à faire rejoindre une personne votre mailing liste principale à partir d'une liste de coregistration, alors vous aurez gagné un inscrit fidèle qui à la fois restera sur votre liste principale, et achètera vos produits aux moments voulus.

Cependant, vous devez savoir que la plupart des emails que vous achèterez ne rejoindront pas votre mailing list principale.

Acheter des noms en coregistration est souvent apparenté à du business de masse, et réussir à convertir 15% de ces personnes vers votre liste principale est considéré comme étant un grand succès.

Les coûts pour la coregistration varient entre quelques centimes par inscrit à plus de un euro par inscrit, en fonction du nombre de personnes à qui les entreprises vendent l'email de l'inscrit, l'ancienneté de ces emails, et la quantité d'information fournie concernant l'inscrit.

Aussi, achetez avec précaution, et assurez-vous de vous renseigner sur la réputation d'une entreprise de coregistration avant d'acheter quoi que ce soit chez elle.

Voyons maintenant la troisième stratégie pour construire une mailing list de prospects ciblés en un temps record.

I.3- Stratégie n°3 : Comment profiter gratuitement du trafic des autres personnes de votre thématique.

Cette stratégie consiste à construire votre mailing list en faisant un partenariat avec les propriétaires d'autres sites ou blogs.

L'idée ici que votre partenaire possède des visiteurs sur son site que vous ne verrez jamais sur le vôtre, et que vous possédez des visiteurs sur votre site que votre partenaire ne verra jamais sur le sien.

Ainsi, un partenariat est fait pour que chacun puisse profiter du trafic web de l'autre.

La forme la plus commune de ce genre de partenariat consiste à faire ce qui s'appelle une coregistration privée sur la page de vente.

En d'autres termes, c'est un moyen pour dire que le partenaire va montrer votre formulaire d'inscription sur sa page de remerciement et que vous allez montrer le sien sur la vôtre, sans qu'il y ait d'autres formulaires qui interfèrent.

La page de remerciement qui est impliquée ici peut se situer à différents endroits sur site web.

Chacune de ces pages de remerciement a le dénominateur commun qu'elles sont vues après que le visiteur ait fait une action spécifique sur le site, ce qui est une bonne chose attendu que l'expérience montre qu'un visiteur qui a fait une action est particulièrement prédisposé à en faire une autre.

Voici quelques différents types de pages de remerciement sur lesquels vous pouvez placer un formulaire d'inscription :

- Après la réalisation d'une vente.

- Après avoir souscrit à une newsletter ou s'est inscrit à une de vos mailing lists pour avoir plus d'informations ou recevoir un cadeau.

- Après avoir téléchargé un produit qu'ils viennent d'acheter.

- Après avoir complété une enquête.

- Après avoir saisi un ticket de support dans votre rubrique ou centre de support client.

- Après avoir créé un nom d'utilisateur pour un site à abonnement.

Les possibilités sont ici quasi infinies, et énormément de marketeurs passent à côté du potentiel énorme de cette méthode.

Faire un partenariat avec un site qui complémente le vôtre peut être une méthode extrêmement puissante pour construire votre mailing list.

Une autre option s'appelle le swaping de liste.

Un swaping de liste est simplement un arrangement entre deux propriétaires A et B de mailing list, où l'un envoi un message pour l'autre et inversement (souvent un email promotionnel, aussi appelé solo ad).

Par exemple, disons que Pierre et Emma possèdent tous deux une liste de 500 personnes.

Pierre envoie sur sa liste l'email promotionnel que lui donne Emma, et en échange Emma envoie sur sa liste l'email promotionnel que lui donne Pierre.

Ainsi, tous les deux sont gagnants sans jamais avoir eu besoin d'échanger de l'argent.

Cela dit, qu'arrive-t-il si Emma possède 1000 inscrits et Pierre seulement 500 ?

Dans ce cas, Pierre va faire deux envois à sa liste à chaque fois qu'Emma en fera un.

Il existe des sites dédiés uniquement à vous permettre de trouver un partenaire pour swaper vos listes. Certains sont gratuits alors que d'autres demandent de payer pour y accéder.

Si vous envisagez de trouver un partenaire pour faire un swaping de liste, assurez-vous de bien lui poser les questions suivantes avant de convenir d'un arrangement :

1- **Sachez à quelle fréquence l'autre personne envoie des emails promotionnels (solo ads) à sa liste.** Si elle bombarde sa liste chaque jour alors vos résultats seront faibles.

2- **Quel type d'offre fonctionne le mieux avec sa liste ?**
Vous voulez adapter au mieux l'email promotionnel que vous allez rédiger en fonction des choses auxquelles sont sensibles les inscrits de la mailing list de votre futur partenaire potentiel.

3- **Comment a-t-il construit sa liste ?** Si la personne a construit sa liste avec des méthodes douteuses telles que les safelists, alors vos résultats risquent probablement d'être faibles.

(Note : une safelist est une mailing list de membres qui ont y ont souscrit pour recevoir des emails promotionnels des autres membres. En échange de recevoir les emails publicitaires des autres, les membres sont récompensés par des crédits publicitaires qui leur permettent à leur tour d'envoyer un email promotionnel à cette même liste.

En gros, chaque membre voit les offres des autres membres, juste pour recevoir des crédits publicitaires, ce qui laisse entrevoir la basse qualité d'un tel genre de liste pour vraiment faire des ventes.)

Les swaps de listes peuvent être soit incroyablement rentables soit incroyablement décevantes.

Ainsi, plus vous en savez sur la qualité de la liste du futur partenaire potentiel, plus vous avez de chance de réaliser une opération rentable.

Un dernier conseil :

Je vous recommande vivement de toujours envoyer le trafic qui provient d'un swap de liste vers votre page de capture et pas directement vers votre page de vente.

Le but est en effet de construire votre liste avant de vendre, et une fois que vous aurez capturé l'email du visiteur, vous aurez tout le loisir de l'envoyer vers votre page de vente.

Voyons maintenant la quatrième stratégie pour construire une mailing list de prospects ciblés en un temps record.

I.4- Stratégie n°4 : Détourner la publicité (gratuite ou payante) pour accéder à des sources de trafic et d'inscrits inaccessibles.

Parfois il est difficile de vendre nos produits et services en utilisant la publicité.

Si c'est votre cas, alors il peut être intéressant d'utiliser la publicité comme un moyen de construire votre mailing list plutôt que comme un moyen de faire des ventes directes.

Il est clair que les gens aiment les choses qui sont gratuites.

Leur offrir de l'information gratuite ou un cadeau gratuit en échange d'une inscription à une mailing list est une vente beaucoup plus douce que d'essayer de vendre d'emblée votre produit, et cela les ajoutent à votre liste pour que vous puissiez construire une relation avec eux.

Bien que beaucoup de personnes hésitent à l'idée d'acheter de la publicité dans le but de donner quelque chose gratuitement plutôt que de faire des ventes, cette technique fonctionne extrêmement bien.

Si vous comprenez la logique dans le fait qu'il est souvent préférable d'avoir 200 nouveaux inscrits plutôt que de vendre un seul produit (parce que vous savez que les 200 inscrits achèteront probablement bien plus qu'un seul produit par la suite), alors détourner la publicité pour obtenir des inscrits peut être pour vous.

En revanche, méfiez-vous de la publicité payante et ne perdez pas votre temps à placer des publicités gratuites pour avoir des inscrits à moins d'avoir un cadeau gratuit à offrir très attractif et puissant.

En effet, les gens qui visitent les sites de publicité gratuites sont souvent en recherche de bons plans et choses gratuites. Ils resteront sur votre liste juste pour attendre de nouveaux cadeaux gratuits et n'achèteront probablement jamais vos produits.

Vous pouvez peut être obtenir de cette façon quelques inscrits, mais votre temps sera certainement plus utile si vous le passez ailleurs que dans la publicité payante.

Vous connaissez maintenant les 4stratégies les plus efficaces pour construire votre mailing list avec des prospects ciblés qui se transformeront facilement en acheteurs, et en un temps record.

Retenez que peu importe la technique que vous utilisez, la clé est d'amener les gens à exprimer un intérêt clair envers votre site et votre blog en disant *"Oui, je veux davantage d'information"*.

C'est seulement à cette condition que vous réussirez, car les prospects qui exprimeront ce genre d'intérêt seront les meilleurs que vous pourrez avoir.

Ce sont ceux avec qui vous pourrez nouer une relation, qui pourront devenir vos fans et vos acheteurs les plus fidèles.

Ainsi, que vous utilisiez une seule ou les quatre stratégies que vous venez de voir, voici en page suivante douze moyens redoutables pour donner une envie irrésistible aux gens de s'inscrire à votre mailing list.

I.5- Les 12 moyens redoutables pour donner une envie irrésistible aux gens de s'inscrire à votre mailing list.

La chose la plus importante à comprendre pour que les gens expriment un intérêt clair envers votre business est que vous compreniez leur motivation. Et il n'y a qu'une seule vraie motivation sur Internet.

Votre visiteur veut savoir **ce qu'il y a pour lui !**

Pour qu'un visiteur vous donne en toute conscience la permission de lui envoyer davantage d'information, vous devez absolument mettre en évidence l'intérêt personnel qu'il a à gagner.

Voici ci-dessous 12 moyens redoutables qui vont aiguiser cet intérêt personnel et donner une envie irrésistible de s'inscrire à votre mailing list.

Rappelez-vous qu'ils sont avant tout venus sur votre site pour y chercher quelque chose, mais que la plupart d'entre eux n'achètera pas dès la première visite.

Rappelez-vous aussi la formule en 4 étapes pour transformer les gens en clients récurrents et en véritables ambassadeurs. Vous voulez que les gens vous aiment et vous croient, puis ensuite qu'ils achètent chez vous et vous recommandent auprès des autres.

Dans beaucoup de cas, la raison pour laquelle les visiteurs n'achètent pas est qu'ils ont besoin d'en savoir davantage.

C'est pourquoi leur offrir plus d'information est une chose tout-à-fait logique pour la majorité des propriétaires de sites ou blogs.

Voici donc les 12 moyens pour aiguiser l'intérêt personnel de vos visiteurs et leur donner une envie irrésistible de s'inscrire à votre mailing list.

1- Demandez.

Dans certains cas, le seul fait de mettre un formulaire d'inscription pour rejoindre votre mailing list fait le job.

2- Offrez un cadeau unique.

Si vous offrez un cadeau en échange d'une inscription, essayez de faire en sorte qu'il s'agisse d'un cadeau qu'ils n'ont pas encore. Offrez-leur quelque chose ayant une réelle valeur ajoutée et faites-leur savoir cette valeur.

Les produits avec droits de revente sont ici très intéressants à considérer, en vous économisant du temps et en offrant vraiment de la valeur.

3- Proposez-leur du contenu en 2 parties.

Proposer du contenu en deux parties fonctionne extrêmement bien.

Cela consiste par exemple à écrire un article ou faire une vidéo, dans laquelle vous proposez en dessous de télécharger une fiche pratique, une fiche d'action PDF, ou un outil (script, fichier XLS, etc) pour mettre en application et utiliser ce qu'ils viennent d'apprendre, ou plus simplement pour accéder à la suite de l'article ou de la vidéo.

Cette méthode est extrêmement puissante pour donner envie aux gens de s'inscrire.

4- Proposez un concours.

Vous pouvez aussi proposer un concours ou un tirage au sort et offrir un lot suffisamment important pour que les gens aient envie de s'inscrire en masse.

Cela peut-être par exemple une ou plusieurs formations que vous offrirez gratuitement au gagnant, ou toute autre chose.

5- Vendez-leur les raisons de prendre votre information gratuite.

Oui, vous devez leur vendre les raisons qui vont leur expliquer pourquoi ils devraient recevoir votre information gratuite ou cadeau gratuit.

L'idée de devoir vendre le fait de recevoir quelque chose gratuitement peut sembler étrange pour la plupart des gens, mais le fait est que vous êtes ici sur Internet, et que vous devez aussi souvent les convaincre de prendre votre information gratuite.

Une simple liste de bénéfices de ce que vous donnez gratuitement fait en général le job.

6- Demandez-leur ce dont ils ont besoin, et donnez-le leur.

L'approche consistant à faire une enquête fonctionne ici à merveille.

La clé ici est de leur poser une question irrésistible pour les attirer dans la conversation et leur donner envie d'y répondre, puis de leur offrir plus d'information, comme par exemple les réponses des autres personnes qui ont répondu à l'enquête.

Le moyen d'avoir ces résultats d'enquête ou cette information supplémentaire est bien entendu en devant s'inscrire à votre mailing list.

7- Ne racontez pas seulement votre histoire.

Rappelez-vous que votre site doit être avant tout tourné vers votre visiteur et pas vers votre propre personne.

Ainsi, plus vous parlerez de vos visiteurs et plus vous essaierez de leur montrer comment vous pouvez les aider, mieux ce sera.

Cela est aussi vrai lorsque vous leur demandez de s'inscrire à votre mailing list.

8- Créez du suspens.

Révéler simplement une partie de ce qu'ils vont apprendre avec les informations régulières que vous allez leur envoyer s'ils s'inscrivent à votre mailing list génère parfois assez de curiosité pour que votre visiteur passe à l'action et décide de s'inscrire.

Une technique qui fonctionne bien est de poser une série de question, puis d'envoyer les réponses une fois seulement qu'ils se sont inscrits.

9- Stimulez-les.

L'une des meilleures façons de les stimuler à s'inscrire est de leur offrir gratuitement quelque chose de valeur qui soit différent que le cadeau gratuit type que tout le monde offre dans votre thématique.

Le meilleur choix ici est quelque chose que les gens payent actuellement.

Par exemple, les essais gratuits de sites à abonnement fonctionnent à merveille.

10- Challengez-les.

Cette technique est relativement difficile à utiliser, mais les challenger peut fonctionner très bien si c'est fait de la bonne façon.

La clé ici est de garder le challenge sur un ton amical, léger et ludique. Quelque chose comme par exemple *"Vous pensez que vous connaissez la technique de vente n°1 sur Internet ? Cliquez ici pour le découvrir !"*.

Evidemment, le clic ici les redirige vers votre formulaire d'inscription.

11- Utilisez des témoignages.

Personne n'aime être en première ligne du front. Mettez à l'aise vos visiteurs en leur disant que beaucoup de personnes ont déjà demandé de recevoir plus d'information et ont reçu une aide réelle.

Les témoignages permettent de faire ça plus efficacement que n'importe quelle autre technique.

12- Dites-leur à quoi s'attendre.

Plus vous serez précis et spécifique sur ce qu'ils vont recevoir, et sur la fréquence à laquelle vous allez les contacter, et plus ils vont se sentir à l'aise et en confiance, ce qui va mener à obtenir davantage d'inscriptions.

Pour terminer, voici un dernier conseil :

Dites toujours à vos visiteurs que leurs informations (email, nom, etc.) sont sécurisées avec vous et que vous ne vendrez ni partagerez jamais leurs données avec qui que ce soit.

Vous n'avez pas besoin de le crier, mais vous devez le mentionner sur votre formulaire d'inscription, par exemple par un petit message en dessous du bouton d'inscription leur indiquant que leurs informations sont sécurisées et ne seront jamais partagées.

Par ailleurs, ajouter une page confidentialité sur votre site est un autre moyen important pour faire savoir à votre visiteur que vous respectez sa vie privée et que vous ne ferez jamais mauvais usage des informations qu'il échange avec vous.

Vous connaissez maintenant 12 moyens redoutables pour donner une envie irrésistible à vos visiteurs de rejoindre votre liste.

Ainsi, la clé pour que les gens s'inscrivent à votre mailing list est de le leur demander souvent, d'utiliser une diversité de techniques et pas seulement une seule, et de ne jamais les faire sentir qu'ils peuvent risquer quoi que ce soit si jamais ils décident de s'inscrire.

Voyons voir maintenant le danger secret de donner trop de donner des cadeaux gratuits.

I.6- Le danger secret de donner trop de cadeaux gratuits.

Il y a un danger à offrir trop de cadeaux gratuit à vos visiteurs en échange d'une inscription à votre mailing list.

Il s'agit en effet d'une erreur logique et commune que font la plupart des marketeurs. Après tout, cela fait parfaitement sens d'offrir plein de cadeaux gratuits à vos futurs inscrits potentiels pour les inciter à rejoindre votre mailing list.

De plus cela montre votre nature généreuse et augmente certainement les chances de voir vos visiteurs se transformer en inscrits, non ?

Disons que oui et non à la fois.

Bien que tenter les visiteurs à s'inscrire avec une longue liste de cadeaux gratuits peut contribuer à obtenir plus d'inscrits, cela véhicule aussi deux message totalement faux.

1- Vous n'êtes pas capable d'attirer des inscrits autrement qu'en les soudoyant par des cadeaux.

2- Vous êtes perçu comme une source à cadeaux gratuits.

Au final, ce qui risque de se passer si vous donnez une tonne de cadeaux gratuits en échange d'une simple inscription est que vous obtiendrez une mailing list constituée uniquement d'opportunistes et de chercheurs de cadeaux gratuits, qui n'ont évidemment nullement l'intention d'acheter quoi que ce soit.

C'est exactement la même idée que l'importance de ne pas toujours non plus offrir des réductions de prix sur les produits que vous vendez.

Si vous offrez en permanence des remises ou faites des offres spéciales, les gens attendront jusqu'à la prochaine réduction avant d'acheter, et ce n'est pas ce que vous voulez.

Ce que vous voulez est une liste active de personnes parce que vous leur fournissez de l'information à grande valeur ajoutée et que vous solutionnez leur problèmes.

C'est d'ailleurs l'arrangement implicite entre vous et vos inscrits qui existe même s'il n'est pas énoncé à haute voix : vous leur offrez de l'information de qualité et les aidez à résoudre leurs problèmes, et en échange ils achètent les produits dont vous faites la promotion et que vous recommandez.

Ainsi, utiliser des cadeaux gratuits pour obtenir des inscrits est une technique valide que beaucoup de marketeurs utilisent.

En revanche, en donner trop attire le mauvais type d'inscrits.

Si votre but est de construire une liste active d'acheteurs, démarrez votre relation en offrant quelque chose de valeur, mais ne devenez pas une machine à délivrer des cadeaux gratuits aveuglément.

Aussi, rappelez-vous de changer de temps en temps le cadeau gratuit que vous offrez à vos visiteurs.

Cela permettra ainsi de leur montrer que votre site est mis à jour régulièrement et que rien ne dure bien longtemps si on n'en profite pas à temps.

Vous créez ainsi un phénomène de rareté et d'urgence en montrant à vos visiteurs qu'ils peuvent perdre l'opportunité d'avoir gratuitement quelque chose de valeur, ce qui va vous permettre d'augmenter encore votre taux d'inscrits.

C'est par ailleurs un excellent message à leur véhiculer d'entrée de jeu dont ils se souviendront lorsque vous annoncerez qu'une remise ou une offre spéciale termine à une date précise, et qu'elle ne se représentera pas s'ils n'en profitent pas au moment voulu.

Ceci termine ce premier module.

Vous savez maintenant comment construire en un temps record une mailing list de prospects ciblés et qui se transformeront facilement en clients et en ambassadeurs.

Vous avez vu dans un premier temps les 4 stratégies prouvées les plus efficaces pour y parvenir, et qui n'ont rien à voir avec toutes les techniques inefficaces qui pullulent sur Internet.

En combinant ces 4 stratégies, vous pouvez construire votre mailing list à une vitesse vertigineuse.

Vous avez ensuite vu 12 moyens qui vont encore optimiser davantage vos taux d'inscription, en donnant une envie irrésistible aux gens de s'inscrire à votre mailing list et de recevoir plus d'information de votre part.

Enfin, vous avez vu comment éviter le danger de donner trop de cadeaux gratuits, qui peut vous faire attirer le mauvais type de prospects.

Maintenant que vous avez tout ce qu'il vous faut pour construire votre mailing list de qualité en un minimum de temps, vous allez voir comment cultiver cette liste et démarrer votre relation sur les chapeaux de roue.

MODULE #2: COMMENT CULTIVER VOTRE MAILING LIST POUR DÉMARRER ET CRÉER UNE SOLIDE RELATION DE CONFIANCE AVEC VOS INSCRITS.

Une fois que les gens ont demandé à être sur votre mailing list, qu'il s'agisse d'une inscription à votre newsletter, de recevoir davantage d'informations, d'un cadeau gratuit ou de totalement autre chose, il est temps de commencer à construire la relation.

Ce que vous faites immédiatement après qu'une personne rejoint votre liste, et ce que vous faites les quelques semaines qui suivent son inscription va être déterminant pour donner le ton à toute la durée de la relation.

Comme vous l'imaginez, c'est donc un moment crucial qui peut rapporter très gros par la suite si vous savez comment l'aborder de la bonne façon, ou qui au contraire peut ruiner votre mailing list si vous le négligez.

Vous allez donc voir dans ce deuxième module comment cultiver votre mailing list pour démarrer et créer une relation solide de confiance qui vous rapportera très gros par la suite, notamment en termes de ventes et de recommandations par le bouche à oreille.

Pour commencer, vous allez découvrir la façon la plus efficace de vous présenter à vos inscrits.

Vous verrez ensuite un truc tout simple pour propulser facilement le niveau de confiance de vos inscrits et faire plus de ventes.

Puis, vous allez voir ensuite la méthode exacte pour bien connaître votre audience.

Vous aborderez également dans la partie d'après l'importance de dire à vos inscrits à quoi s'attendre et comment le leur présenter.

Vous verrez par la suite les 3 techniques à connaître pour personnaliser vos mailings.

Pour terminer, vous découvrirez l'importance d'être vous-même, de répondre aux besoins de vos inscrits, et de récompenser leur loyauté.

Commençons tout de suite par la façon la plus efficace de vous présenter à vos inscrits, en page suivante.

II.1- La façon la plus efficace de vous présenter à vos inscrits.

C'est votre information et pas celle d'un autre que vos inscrits ont demandé. Bien que vous ne soyez pas le sujet de l'information (à moins que vous ne vous vendiez vous-mêmes en tant que consultant ou coach), vous êtes le messager, ce qui est tout aussi important.

L'Internet est froid et impersonnel. Vous avez ici l'occasion rêvée d'installer un ton chaleureux et amical dès le tout début de la relation simplement en écrivant un petit paragraphe à propos de vous-même afin que vos lecteurs puissent vous connaître un peu mieux.

La clé ici est d'être personnel sans devenir trop personnel ou trop intime.

Ce que vous voulez donner ici à vos lecteurs est une idée plus précise de qui vous êtes, sans aller jusqu'à leur parler de vos expériences au collège ou leur étaler tous vos diplômes ou vos trophées de natation ou de basket.

Voici quelques choses que vos lecteurs peuvent trouver intéressant de découvrir dans votre court paragraphe biographique.

- L'endroit où vous vivez, en le limitant par exemple au département ou à la région.

- Depuis combien de temps vous faites du business en ligne.

- Dans quels types de business en ligne vous avez de l'expérience.

- Vos passions ou vos animaux de compagnie.

- Votre but concernant l'information qu'ils vont recevoir de votre part.

Ainsi, il y a aussi des choses que vous préférerez ne pas partager. Voici quelques exemples de choses qu'il serait préférable de ne pas inclure.

- Votre âge.

- L'adresse de votre domicile.

- Votre numéro de téléphone.

- Tout ce qui peut se rapporter à votre ou vos enfants (il est fondamental de protéger leur vie privée).

- Combien d'argent vous gagnez ou voulez gagner.

- Votre religion ou vision du monde à moins que vous ne publiiez sur ces sujets.

- Vos points de vue politiques, à moins que vous ne publiiez des informations liées à la politique.

Le but ici n'est pas d'enlever toutes les couleurs de votre personnalité, mais plutôt d'être à la fois professionnel et personnel.

Bien loin de la manipulation, ce que vous écrivez dans ce court paragraphe de présentation à propos de vous dit au lecteur qui vous êtes et donne un peu d'éléments sur la ou les raisons pour lesquelles vous leur fournissez des informations.

C'est une chose importante pour eux à connaître dès le début de votre relation en ligne, et donne le ton pour vos messages futurs.

Voyons maintenant un truc tout simple pour propulser le niveau de confiance de vos inscrits et faire plus de ventes.

II.2- Le truc tout simple pour propulser le niveau de confiance de vos inscrits et faire plus de ventes.

Voulez-vous obtenir un taux massif d'ouverture de vos emails et de clics, quelle que soit la taille de votre liste ?

Voulez-vous propulser votre niveau de confiance et créer plus et de meilleurs clients ?

Si vous avez répondu oui, alors faites très attention à ce qui suit.

Le truc tout simple pour y parvenir consiste à **seulement recommander des produits dont vous savez qu'ils fonctionnent et qui donnent de vrais résultats.**

Bien que certains puissent trouver cette suggestion un peu controversée, le fait de recommander uniquement des produits avec lesquels vous avez une expérience directe, ou ceux avec lesquels vous avez une expérience indirecte très proche (par des gens que vous connaissez ou par de nombreux témoignages réels prouvant les résultats), vous assurera pratiquement que votre audience va acheter régulièrement des produits chez vous.

Voici pourquoi.

Vous savez probablement que la plupart des produits et services que les gens achètent sur Internet sont souvent décevants en comparaison de ce qu'on en attendait de part la promotion et l'éloge qui en est faite dans la page de vente.

En effet, beaucoup de sites mettent leurs efforts dans le fait de fait des ventes, en sachant pertinemment que la plupart des consommateurs sont trop occupés ou trop paresseux pour demander un remboursement, et en sachant qu'ils peuvent très bien s'en sortir en produisant un produit de qualité inférieure.

Cette situation est si courante qu'elle mène à un très haut niveau de perte de crédibilité en ce qui concerne les produits sur Internet.

C'est aussi une des raisons qui explique qu'un site qui converti 2 visiteurs sur 100 en clients est un succès éclatant, alors qu'un taux de conversion si faible mettrait immédiatement sur la paille tout business hors ligne (tout business qui tourne en dehors d'Internet).

Imaginez que seulement 2 visiteurs sur 100 fassent un achat chez Carrefour ou la Fnac. Ces enseignes feraient faillite en à peine un mois !

Les gens sont dans la confusion et le doute.

Ils ont peur de se faire arnaquer, de faire une erreur et ne pas être capable de récupérer leur argent.

Beaucoup de gens (si ce n'est pas la plupart) ont été dégoutés par un produit, service, ou opportunité d'affaires qui promettait la lune et qui ne leur a donné que de la déception.

Et c'est à ce moment-là que vous faites votre apparition.

Vous allez devenir leur chevalier blanc de vérité et confiance !

Vous êtes celui qui fera pour eux le tri entre les bons produits et les arnaques.

Si vous annoncez à votre liste très clairement, et souvent, que vous recommandez uniquement des produits dont vous savez qu'ils donnent de vrais résultats (soit en les ayant vous-même utilisé ou en connaissant quelqu'un qui les a utilisés), alors vous vous positionnerez comme étant la personne de référence que vos inscrits vont croire, et qui donne des informations impartiales et de qualité.

Peut-il y avoir une meilleure position que celle-ci pour vendre ? Très probablement pas.

La clé ici est votre intégrité personnelle. Il va évidemment sans dire que si jamais vous la violez, vous allez instantanément briser cette solide confiance que vous avez bâtie, et il faudra très longtemps pour la reconstruire si elle n'est pas partie à jamais.

Une autre raison de seulement recommander les produits dont vous savez qu'ils vont fonctionner est d'éviter de faire partie de ce type de marketeurs de basse qualité qui dès qu'ils entendent parler d'un produit, font un copier-coller de l'email standard que le propriétaire propose aux affiliés pour en faire la promotion, et le balancent à leur mailing list aussi vite que possible.

Ces personnes se soucient peu de délivrer ou pas de la valeur à leur mailing list, et voient plutôt les gens comme une énorme vache à lait, ce qui est bien triste finalement.

Lorsque vous prenez soin de votre audience et que vous ne leur recommandez que les produits dont vous avez l'assurance qu'ils vont vraiment donner les résultats attendus, alors votre mailing list va les acheter en masse.

Vous pourrez ainsi atteindre des taux de conversion absolument incroyables dans vos emails promotionnels tournant souvent autour des 40%, ce qui prouve que cette manière de traiter sa mailing list fonctionne à merveille.

Si vous comptez utiliser cette idée, assurez-vous de l'inclure dans votre email de bienvenue, c'est-à-dire l'email où vous allez vous présenter à vos lecteurs avec le court paragraphe de présentation vu à la partie suivante.

C'est en effet le parfait moment pour leur dire que vous ne recommandez que les produits dont vous savez qu'ils fonctionnent, et pourquoi vous le faites.

Ainsi, vos lecteurs vous récompenseront très largement pour l'intégrité et votre engagement à servir leurs meilleurs intérêts.

Maintenant que vous vous êtes engagé à ne leur proposer que des produits qui fonctionnent et que vous le leur avez fait savoir, il va falloir savoir quel type de produits leur proposer pour qu'ils y trouvent un intérêt.

Vous allez maintenant voir la méthode exacte pour bien connaitre votre audience, afin de savoir quoi leur proposer.

II.3- La méthode exacte pour bien connaitre votre audience.

Connaitre votre audience est aussi important, si ce n'est plus important, que le fait que votre audience vous connaisse.

Plus vous en savez sur votre audience, et plus vous serez en mesure de prédire avec précision ce que vos lecteurs vont acheter, et à quel moment ils vont l'acheter.

Ce qu'il faut savoir, c'est que cultiver une mailing list efficacement n'est ni difficile, ni une question de devinettes.

Une fois que vous aurez cultivé et gérer votre list pendant un certain temps, vous serez en mesure de prévoir quelles sont les offres auxquelles votre liste sera les plus réceptives, et quel sera environ votre taux de conversion.

Lorsque vous arrivez à ce stade, votre mailing list devient alors réellement votre plus grand atout professionnel.

La meilleure façon de connaitre votre liste est de demander.

Il existe de nombreuses façons de demander des choses à votre liste qui vous donneront des informations pertinentes sur leurs besoins, ce qui est un point essentiel.

Par contre, retenez de **ne jamais poser de question futile ou inutile.**

Posez uniquement des questions dont les réponses vous donneront des indications précises sur la façon dont vous pouvez répondre aux besoins de votre audience.

Les enquêtes en ligne sont probablement le moyen le plus populaire et le plus facile de demander à votre liste ce qui trotte dans leur tête et ce qu'ils veulent.

Encore faut-il, comme on vient de le voir, savoir leur poser les bonnes questions afin d'obtenir un maximum de réponses que vous pourrez utiliser pour leur répondre au mieux à leurs besoins.

Voici quelques questions que vous pouvez poser à votre mailing list et qui vous permettront de nettement améliorer la connaissance de votre audience et donc vos taux de conversion.

- Quelle est votre sensibilité au prix ?

- Depuis combien de temps êtes-vous en ligne ?

- Quel est votre objectif n°1 en ligne ?

- Quel est le prochain produit que vous envisagez d'acheter ?

- Quel est le meilleur produit que vous n'ayez jamais acheté ?

- Quel est le pire produit que vous n'ayez jamais acheté ?

- Combien de programmes d'affiliation différents avez-vous essayé en ligne ?

- Quelle est votre technique marketing préférée en ligne ?

- Qu'est est votre plus gros problème pour réussir en ligne actuellement ?

- Que signifie pour vous échouer misérablement d'un point de vue marketing ?

- Si on pouvait passer 1 heure ensemble, à parler uniquement de votre business et comment le rendre fructueux, que demanderiez-vous ?

Une chose à garder en mémoire est que lorsque vous posez votre liste de questions, votre audience ne va pas seulement vous donner des réponses qui peuvent guider votre marketing, mais elle vous donne également son temps, qui est le bien le plus précieux.

Il est donc tout à fait approprié de récompenser par un cadeau gratuit chaque personne qui a complété l'enquête pour le temps précieux qu'elle a passé à le faire.

Conseil : n'hésitez pas à utiliser un formulaire de coregistration sur la page de remerciement de l'enquête, comme on l'a évoqué dans le premier module. Il s'agit de personnes actives, et seront un ajout de valeur à toute autre liste.

Lorsque vous posez des questions ou que vous soumettez des enquêtes ou questionnaires, il est important de faire savoir à votre liste à quel moment l'enquête prendra fin.

Si possible, c'est aussi une excellente idée d'annoncer les résultats de cette enquête à votre liste.

Un autre conseil astucieux consiste à prendre dix ou vingt minutes à écrire un court rapport au sujet de cette enquête (pourquoi vous l'avez faite, la liste de questions posées, les résultats) et à proposer ce rapport sous forme de PDF que vous pourrez offrir en cadeau gratuit aux visiteurs en échange d'une inscription à votre mailing list.

Peu importe la façon dont vous procédez, prenez le temps de connaitre les personnes de votre mailing list.

Ce n'est qu'en répondant à leur besoins que vous réussirez et que vous pourrez leur proposer les produits auxquels ils sont vraiment réceptifs, et rappelez-vous que vous ne pouvez pas toucher une cible que vous ne voyez pas.

Essayez d'avoir un maximum d'informations possibles sur votre audience, et voyez vos résultats augmenter mois après mois au fur et à mesure que vous cultivez une liste puissante et active.

Vous allez maintenant voir l'importance de dire à vos inscrits à quoi s'attendre exactement en ayant décidé de rejoindre votre mailing list.

II.4- Dites-leur à quoi s'attendre.

La plupart des gens aiment savoir à quoi s'attendre lorsqu'ils donnent leur accord pour quelque chose, et c'est la même chose pour vos lecteurs.

Plus vous leur en dites sur ce à quoi ils peuvent s'attendre en s'inscrivant à votre mailing list, plus ils seront enthousiastes.

Voici un certain nombre de choses qui sont capitales à dire à vos inscrits dès qu'ils viennent de s'inscrire à votre mailing list.

Votre message de bienvenue est le meilleur endroit pour le faire de manière facile et naturelle.

Voici les choses dont vos lecteurs ont généralement besoin de savoir en s'inscrivant à votre liste.

Vous n'avez pas besoin de mentionner toutes ces choses, voyez plutôt cette liste comme des options parmi lesquelles vous pouvez choisir.

- A quelle fréquence vous allez envoyer des emails ?

Cette question est très importante. Si vous indiquez que vous avez une newsletter hebdomadaire et que finalement vous leur envoyez cinq emails par semaine, vous allez perdre des inscrits.

- Que vont contenir les emails ?

Personne ne va signer pour recevoir une série de messages promotionnels. Si vous promettez de l'information sur la manière dont ils peuvent améliorer leur crawl en natation, soyez sûr de leur envoyer cette information avant de leur demander d'acheter quoi que ce soit.

- Quel titre de message allez-vous utiliser ?

Beaucoup de gens aiment utiliser le mettre début de titre dans chacun de leurs emails afin que les membres de leur liste puissent les reconnaitre ou filtrer leurs messages. Vous pouvez dans le même ordre d'idées aussi leur indiquer le nom ou l'intitulé qui s'affichera dans la section qui permet de repérer de qui provient l'email.

- Quelle adresse d'émission va contenir l'email ?

Un moyen de contourner les filtres de spam est de demander à vos inscrits de "whitelister" votre adresse email, c'est-à-dire de spécifier à leur service de messagerie que les emails provenant de vous ne sont pas à assimiler à du spam, ou d'ajouter votre adresse email à leur carnet d'adresse. Il s'agit d'une étape importante qui ne doit pas être survolée.

Plus vous donnez de détails à votre liste sur ce qu'elle peut espérer attendre de vous, plus votre audience sera efficace pour ce qui sera de réussir à trouver vos messages, à les ouvrir et à y répondre.

Avec tous les filtres anti spam qu'il existe actuellement, cette simple précaution peut faire toute la différence.

Voyons voir maintenant comment vous pouvez personnaliser vos mailings en utilisant les trois techniques en page suivante.

II.5- Les 3 techniques à connaitre pour personnaliser vos mailings.

Tout le monde sait qu'un email qui commence par "Cher Paul" obtient plus de réponses qu'un email commençant par "Cher Lecteur".

Il existe cependant des moyens pour aller encore plus loin que cette personnalisation basique, afin de faire savoir à votre lecteur que vous connaissez quelque chose à son sujet et que vous portez le plus grand soin à répondre à ses besoins.

Voici trois techniques qui vont vous permettre de personnaliser vos mailings.

1- Partagez les expériences que vous avez avec les produits, qu'elles soient bonnes ou mauvaises.

Rien ne vous fait paraître plus humain que d'avouer que quelque chose n'a pas fonctionné pour vous.

Il ne s'agit pas de faire exprès d'échouer ou de mettre en scène un échec pour montrer à votre liste que vous êtes un humain qui a comme eux ses lots d'échecs.

L'idée ici est que le fait de partager aussi bien le bien que le mauvais montre aux gens de votre liste que vous êtes imparfait comme eux, et que vous êtes assez honnête pour admettre vos erreurs.

Quand avez-vous entendu pour la dernière fois un gourou admettre qu'il a essayé quelque chose qui n'a pas fonctionné comme prévu ? Il y a probablement bien longtemps de ça.

Etre transparent avec les gens de votre liste est une chose très puissante.

2- Si vous envoyez un email pré-écrit pour un programme ou un produit dont vous faites la promotion, assurez-vous d'y ajouter un commentaire personnel tout en haut.

N'hésitez pas parfois à envoyer des emails pré-écrits qui sont fournis aux affiliés de certains programmes ou produits. Certains d'entre eux sont très bien écrits, et il serait dommage de vous en priver.

En revanche, apportez-y toujours votre touche personnelle en y ajoutant un commentaire tout en haut de cet email.

Vous pouvez par exemple y mettre un message du genre :

"Juste une note pour vous dire que le message ci-dessous n'a pas été écrit par moi, mais que j'aurais aimé qu'il le soit ! Je vous l'envoie sans lui avoir apporté de modifications parce qu'il véhicule exactement ce que je pense à propos du produit. J'aime ce produit, et je pense que vous l'aimerez aussi."

Il y a de grandes chances qu'en écrivant une note de ce style, vous receviez de nombreux messages de remerciements des personnes de votre liste qui apprécient cette touche humaine.

3- Lorsque vous faites des enquêtes, ajoutez les résultats de cette enquête à votre message pour faire savoir à votre liste pourquoi vous faites la promotion d'un produit ou d'une idée spécifique.

C'est une technique de vente extrêmement puissante, et elle permet de faire savoir à vos inscrits que vous portez une attention particulière à ce qu'ils disent. Vous êtes donc tous les deux gagnants.

Ainsi, vous avez vu avec ces trois techniques que la personnalisation est bien plus que de mettre simplement le prénom d'une personne en utilisant le fameux tag prédéfini de votre autorépondeur [firstname_fix] qui va récupérer automatiquement le prénom de la personne.

La personnalisation consiste en effet à écrire chaque message comme si vous l'écriviez à une personne en particulier.

Ecrivez vos messages de cette manière, et votre mailing list va ressentir votre chaleur et vous en remerciera en achetant les produits dont vous faites la promotion et en étant d'une loyauté irréprochable pour les années à venir.

Voyons voir maintenant l'importance d'être vous-mêmes.

II.6- Soyez vous-même.

C'est peut-être la chose la plus importante que doit faire tout possesseur de mailing list.

C'est ce que le génie a dit à Aladdin et ce que presque tous les parents ont dit à leurs enfants le premier jour d'école :

Soyez toujours vous-même !

Lorsque les gens rejoignent votre mailing list, ils ne vous connaissent pas. Ils veulent en savoir davantage sur votre offre, et ils savent que c'est vous qui allez leur donner ces informations.

Aussi, ils vont également vouloir vous connaitre alors laissez-leur cette chance.

C'est par les petites choses que transparaît notre personnalité, et laisser transparaître votre personnalité est le but de cette section.

Ce qu'il faut à tout prix éviter, c'est d'essayer d'être comme tout le monde.

Le problème si vous faites ça (et vous seriez choqué de savoir combien de possesseurs de listes le font) est que vous ne pourrez pas cacher votre personnalité très longtemps.

En effet, pouvez-vous imaginez le tourment de devoir sans cesse penser *"je dois le dire de telle et telle façon parce que c'est de cette manière que le gourou XXX le dirait"* à chaque fois que vous écrivez un message ?

Il n'est pas question ici de vous dire de ne pas essayer de faire de votre mieux ni de vous améliorer avec le temps. Nous sommes tous en amélioration continue et la progression est une bonne chose.

Il est simplement question d'être vous-même.

Sachez qu'un avis honnête écrit avec une mauvaise grammaire ou des fautes d'orthographe vendra bien plus qu'une prose bien policée et fade qui sonne faux.

La clé est de vous déstresser, d'être vous-même, et de savoir que peu importe si vous écrivez ou parlez bien, il y aura des gens qui vous aimeront et d'autres qui ne vous aimeront pas.

II.7- Répondez à leurs besoins.

Vous l'avez peut-être déjà certainement compris, mais répondre aux besoins des inscrits de votre liste est probablement la meilleure technique pour cultiver votre liste le plus efficacement possible.

Il y a de nombreux marketeurs qui se lancent à faire du business sur Internet, et ceux qui réussissent à passer l'épreuve du temps et à durer sont ceux qui répondent aux besoins des gens.

Il y aura bien évidemment les personnes qui connaissent un succès éphémère en écrivant un livre best seller ou qui montent un tunnel de vente et font beaucoup d'argent dans une courte période de temps.

Cela dit, le succès de ces personnes ne durera pas, que ce soit en ligne ou hors ligne.

Aussi, répétez à votre mailing list encore et encore que vous voulez répondre à leurs besoins.

A force de le leur répéter, ils finiront par vraiment vous croire et donc à s'ouvrir à vous, à vous dire ce dont ils ont vraiment besoin, et à vous donner l'opportunité de le leur vendre.

Et c'est une situation très puissante que vous pouvez atteindre si vous essayez et qui vous récompensera par un mode de vie aisé pour de nombreuses années à venir.

Pour terminer sur ce deuxième module, voyons voir dans la partie suivante l'importance de récompenser la loyauté de vos inscrits.

II.8- Récompensez leur loyauté.

Les membres de votre mailing list vous donnent le bien le plus précieux qu'ils possèdent : leur temps.

Comme on l'a évoqué au II.3, vous pouvez les récompenser de leur loyauté à vous offrir leur temps en utilisant un des moyens suivants.

- Donnez leur un cadeau gratuit lorsque vous pouvez.

Surprenez-les avec un cadeau au moins 2 à 3 fois par an. Vous pouvez utiliser des packages avec droits de revente pour trouver des choses à donner, ou créer quelque chose d'original. Plus votre cadeau aura de la valeur et leur sera utile, mieux ce sera.

- Donnez-leur un excellent conseil lorsque vous pouvez.

Nous avons tous des expériences qui peuvent être utiles aux autres. Si vous découvrez une ressource de qualité qui puisse aider vos inscrits, un moyen de faire quelque chose qui soit efficace et qui permet de gagner du temps, partager-le avec votre liste.

- Faites-leur un excellent prix lorsque vous pouvez.

Il y a peut de choses qui soient plus puissantes que de négocier un prix spécial pour les membres de votre liste.

- Donnez de vous-même.

Partagez ce que vous apprenez en ligne. Partagez les trucs et astuces que vous trouvez aussi bien que les choses que vous auriez préférer éviter.

Vous pouvez évidemment trouver de nombreux autres moyens de récompenser les membres de votre liste.

L'idée est de le faire souvent, et ils vous rendront la pareille en étant loyaux envers vous sur le long terme.

Ceci termine ce deuxième module.

Vous savez désormais comment vous pouvez cultiver votre mailing list et démarrer la relation avec vos inscrits sur les chapeaux de roue, pour construire une solide confiance et les transformer en clients et en véritables ambassadeurs.

Vous avez d'abord vu la manière la plus efficace de vous présenter à vos inscrits.

Vous avez ensuite découvert l'importance de ne leur proposer que des produits dont vous savez qu'ils fonctionnent et donnent des résultats.

C'est le meilleur moyen pour bâtir une solide relation de confiance avec vos prospects et de générer au final beaucoup plus de ventes car vous serez devenus crédible et ils auront confiance dans ce que vous leur direz.

Vous avez ensuite découvert comment faire pour bien connaître vos prospects, ce qui vous permettra de les servir au mieux en leur proposant du contenu et des produits sur mesure.

Vous leur avez ensuite dit à quoi ils peuvent s'attendre avec vous en termes de fréquence d'envoi des emails et de contenu, ainsi que de la manière dont vos emails seront intitulés ou de l'adresse email que vous utiliserez pour correspondre avec eux.

De cette manière, vous maximiserez vos taux d'ouverture car vos inscrits sauront exactement comment trouver vos emails parmi les tonnes d'autres qu'ils reçoivent, et vous aurez l'assurance que vos emails arriveront dans leur boite de réception et ne seront pas détectés comme étant du spam.

Vous avez ensuite découvert trois techniques qui vous permettent de personnaliser vos emails bien au delà du simple prénom de la personne qui s'affiche en haut de votre email.

Vous créerez ainsi un climat de plus grande proximité qui augmentera la loyauté de vos inscrits qui se sentiront importants et n'auront pas uniquement l'impression d'être fondus dans la masse. Ainsi, cela vous permettra également d'augmenter vos ventes.

Vous avez par la suite vu l'importance d'être vous-mêmes et de ne surtout pas essayer de copier les autres, car cela demandera à la fois trop d'efforts inutiles pour tenir sur la durée et vos propos ne sonneront pas authentiques ce qui résultera en une baisse de ventes.

Vous avez donc tout à fait intérêt à être vous-mêmes, car même si vous essayez d'être quelqu'un d'autre, il y aura toujours des gens qui vous aimeront et d'autres qui ne vous aimeront pas.

Autant accepter ce fait en étant vous-mêmes, ce qui sera bien plus simple à gérer et vous apportera de meilleurs résultats.

Ensuite, vous avez vu l'importance de répondre aux besoins de vos inscrits pour tenir sur la durée et de leur faire savoir que votre préoccupation première est de les satisfaire.

En le leur répétant régulièrement, ils finiront par l'intégrer et vous récompenseront avec d'autant plus de loyauté.

Enfin, vous avez vu l'importance de récompenser régulièrement leur loyauté pour les remercier du temps qu'ils vous donnent à lire vos emails et à consommer l'information que vous leur donnez.

Par ces récompenses, vous consoliderez encore davantage les liens avec votre liste.

Ainsi, en combinant toutes les techniques vues dans ce module, vous cultiverez votre liste et démarrerez votre relation avec vos inscrits de la meilleure façon possible.

Vous construirez ainsi une loyauté qui durera pendant de nombreuses années à venir et qui s'exprimera par plus de taux d'ouverture, plus de ventes et plus de recommandations par le bouche à oreille.

Voyons voir maintenant dans le troisième module comment gérer vos emailings.

MODULE #3: COMMENT GÉRER VOS EMAILINGS POUR MAXIMISER VOS TAUX D'OUVERTURE, DE CLICS ET VOS VENTES.

La manière dont vous gérez vos emailings (fréquence d'envoi, contenu, moments d'envoi, etc.) va avoir un impact majeur sur votre taux de réponse et votre niveau de profits.

Gérez bien vos emailings, et vos lecteurs vont attendre avidement votre prochain message, confiants qu'il contiendra des choses qui vont rendre leur vie meilleure.

Gérez mal vos emailings, et vos lecteurs vont arrêter d'ouvrir vos emails et oublier même qu'ils se sont un jour inscrits à votre mailing list.

Vous allez voir dans ce troisième module comment faire pour que vos emails soient attendus avec impatience, et pour maximiser le taux d'ouverture, de clics et de ventes.

Une première partie va vous montrer à quelle fréquence envoyer vos emails.

Vous verrez ensuite les 7 meilleurs types de contenus à envoyer, et à quel moment de la semaine (jours, heures) les envoyer pour avoir le plus fort taux de réponse.

Vous verrez également quels outils utiliser pour envoyer vos emails, puis comment mettre en forme vos emails.

Pour terminer, vous découvrirez combien créer de mailing lists et pourquoi.

Commençons par la fréquence d'envoi de vos emails.

III.1- A quelle fréquence envoyer vos emails.

Savoir à quelle fréquence envoyer vos emails est un grand débat dans le marketing Internet, et de nombreux marketeurs ont réussi ou échoué avec une large variété de plannings.

La réponse à cette question est pourtant très simple, et consiste à envoyer vos emails à votre liste à la fréquence que vous leur avez annoncée dans votre email de bienvenue.

La clé ici est d'éviter toute incompréhension en annonçant à votre liste une fréquence d'envoi, et en faisant tout le contraire.

Si vous connaissez déjà la fréquence à laquelle vous allez envoyer des emails à votre mailing list avant même que vous ne commenciez à la construire, alors vous pouvez complètement éviter cette question.

Ainsi, vous allez vous démarquer des 99% des marketeurs qui ne tiennent pas compte de cette étape cruciale.

Cependant, voici un moyen de déterminer à quelle fréquence envoyer vos emailings si vous ne le savez pas encore avant de commencer à construire votre liste.

Dans ce cas, il vous suffit simplement de dire à votre mailing list que vous leur enverrez des messages occasionnellement, et que vous vous engagez à ne leur envoyer un message que lorsque vous avez quelque chose de vraiment important à dire.

Cela indique à vos inscrits que vous n'allez pas les noyer de messages, et que vous prenez au sérieux votre relation avec eux. S'engager à faire de la qualité fonctionne à tous les coups.

Ceci étant dit, voici ce qui d'une manière générale fonctionne et a fonctionné pour des milliers de marketeurs.

- Si vous envoyez des messages moins fréquemment que tous les 10 jours, vos inscrits tendant à vous oublier.

Cela est certainement dû aux tonnes d'emails que chacun reçoit. Si vous voulez rendre rentable une petite mailing list, alors vous devez faire en sorte que votre nom soit gravé en première position dans l'esprit de vos lecteurs.

- Envoyer plus de 5 messages dans la semaine est risqué.

Si vous envoyez plus de cinq messages par semaine, vous courez un double risque réel que les gens se désinscrivent et qu'en même temps ils font part de plaintes. Cinq messages par semaine est une fréquence élevée, en particulier si vous vous êtes engagé à n'envoyer que des messages de qualité.

Note : Si vous envoyez plus de trois messages par semaine, assurez-vous de varier la longueur des messages et d'utiliser des titres complètement différents afin que votre audience ne pense pas qu'il s'agit plusieurs fois du même message.

- Envoyer un message par semaine doit être en général un minimum.

- Eviter d'envoyer de messages trop rapprochés l'un de l'autre.

Dans l'esprit du lecteur, c'est un peu la même chose que d'envoyer trop de messages.

Par ailleurs, les lecteurs vont avoir tendance à généraliser un comportement ponctuel comme une habitude toujours vraie.

Ainsi, si vous envoyez trop de messages dans une semaine donnée et aucun message la semaine suivante sans une bonne explication, vos inscrits vont vous percevoir comme envoyant tout le temps trop de messages.

L'idéal est donc de laisser passer au moins une journée sans message entre deux envois.

- Si vous envoyez de nombreux messages, gardez-les courts.

Les lecteurs se sentent en général obligés de lire ce qu'on écrit, et tendent à plus percevoir ça comme une contrainte lorsque la quantité de texte qu'ils ont à lire est trop élevée.

Quoi qu'il en soit en ce qui concerne la fréquence d'envoi, vous devez faire des tests afin de déterminer ce qui va fonctionner pour vous et avec vos inscrits.

Cela dit, vous réaliserez un excellent départ en gardant la fréquence d'envoi que vous avez annoncé à vos inscrits dans votre message de bienvenue, et en variant la longueur de vos messages afin de ne pas toujours leur proposer des formats interminables.

Voyons voir maintenant les types de contenus que vous pouvez leur envoyer.

III.2- Les 7 meilleurs types de contenus à envoyer à votre mailing list.

Lorsqu'il est question d'envoyer des emails à vos prospects et à vos clients dans le but de faire des ventes, vous avez un large choix de contenus.

Vous allez découvrir dans les pages suivantes les 7 meilleurs types de contenus à envoyer et qui fonctionnent le mieux actuellement.

Pour chaque contenu, vous aurez un détail de ses avantages et de ses inconvénients.

Contenu n°1 :
Une newsletter ou un magazine électronique.

Avantages :

Les gens adorent les newsletters ou magazines électroniques et sont habitués à en recevoir.

Vu qu'ils couvrent en général une grande variété de sujets, vous ne serez ainsi pas vu comme quelqu'un qui cherche à vendre en permanence.

Vous pouvez aussi vendre des publicités que vous diffuserez dans votre newsletter ou magazine et être démarché pour créer des joint-ventures.

Inconvénients :

Publier une newsletter ou un magazine électronique sur une base régulière peut demander du temps, en particulier si c'est vous qui écrivez les articles.

Contenu n°2 :
Une série de follow-up (série automatisée d'emails).

Avantages :

L'information délivrée dans cette série automatisée d'email porte uniquement sur votre produit.

Ce genre de série est facile à écrire et vous permet d'entrer dans les détails du produit en montrant par exemple un avantage ou une facette différent de votre produit dans chaque email.

Il vous permet aussi d'utiliser les témoignages clients.

Enfin, il est très facile de demander d'acheter dans chaque message.

Inconvénients :

Vu que ce genre de séries ne concerne que votre produit, les personnes qui décident qu'elles ne sont plus intéressées vont se désinscrire de votre liste, et vous n'aurez plus d'autres chances de leur vendre autre chose.

Il est difficile d'avoir une série de follow-up qui tient longtemps, et il est en général question d'une série de quelques emails, en comparaison avec une newsletter qui peut durer des années.

Contenu n°3 :
Actualités.

Avantages :

Très populaire si le sujet est spécifique et difficile à trouver.

Il est facile de lier un produit avec une actualité et demander ensuite d'acheter.

Inconvénients :

Cela prend beaucoup de temps à produire. Vous devez trouver l'actualité pour ensuite écrire sur ce sujet avant que le grand public n'en prenne connaissance.

Les blogs constituent ici des concurrents sérieux.

Contenu n°4 :
Revues de produits.

Avantages :

Une revue de produit est un excellent moyen pour faire des ventes. Les gens adorent les revues de produit et les liront s'ils sentent que la personne qui en fait l'analyse est objective.

Il est par ailleurs très facile de présenter le produit en question de manière à donner envie de l'acheter.

Inconvénients :

Cela peut demander du temps et de l'argent.

En effet, vous devrez acheter les produits dont vous faites la revue, les étudier, les utiliser et faire ressortir ses points positifs et négatifs tout en étant le plus objectif possible et en donnant envie aux gens de l'acheter.

Contenu n°5 :
Faire des offres à prix réduit.

Avantages :

Tout le monde veut économiser de l'argent.

Les gens adorent ce type d'informations, en particulier lorsqu'elles concernent la thématique qui les intéresse.

Inconvénients :

Cela demande du temps de rassembler et de produire ce type de contenu.

Par ailleurs, la plupart des offres à prix réduit ne vous paieront pas suffisamment pour les ventes que vous ferez.

Contenu n°6 :
Checklists, fiches pratiques ou fiches conseil.

Avantages :

Les gens aiment gagner du temps et avoir des informations qu'on ne trouve pas partout.

Ce type de contenu possède ces deux qualités, qu'il s'agisse d'un checklist de ressources sur un domaine particulier, de fiches pratiques qui détaillent les étapes d'une procédure pour faire telle ou telle chose, ou d'un conseil qui permet d'économiser tant d'argent ou de gagner tant de temps.

Par ailleurs, cela vous positionne comme un expert et une figure d'autorité, et il est très facile de clore la vente une fois que vous avez fourni un moyen de gagner du temps ou de l'argent, ou de résoudre un gros problème liés à votre thématique.

Inconvénients :

Cela demande du temps à réaliser et vous devez être capable d'être synthétique et d'aller droit au but.

Contenu n°7 :
Secret d'initiés.

Avantages :

Les gens adorent penser qu'il y a quelque chose qu'ils ne savent pas, et qui ferait la différence s'ils la connaissaient.

Si vous possédez ce genre d'expérience que seuls les initiés ont, et que vous pouvez montrer à vos lecteurs un moyen de gagner du temps, d'économiser ou gagner de l'argent, ou de résoudre un problème particulier de votre thématique, alors ce format peut être très puissant.

Inconvénients :

Vous devez vraiment savoir ici ce que vous faites. Si vous vous contentez de reformuler ce que les autres ont déjà fait, alors vous vous exposez au risque d'échouer rapidement et d'endommager votre réputation.

La pire chose que vous puissiez faire est de publier un "secret" que tout le monde connait déjà.

Vous venez de voir les 7 types de contenus à envoyer à votre mailing list qui fonctionnent le mieux actuellement.

Aussi, choisir méticuleusement le type de contenu que vous allez envoyer est important.

Ce qu'il faut savoir, c'est qu'utiliser qu'une série de follow-up (type de contenu n°2) sur un sujet ou un produit spécifique est tellement important pour vous permettre de faire des ventes que je vous recommande de l'utiliser en la combinant avec une autre méthode (comme par exemple une newsletter ou une checklist, fiche pratique ou fiche conseil) pour communiquer avec votre liste.

Si vous utilisez à la fois une série de follow-up et une autre méthode, assurez-vous d'écrire votre titre de manière à ce que vos lecteurs sachent exactement de quel type d'information il s'agit.

Par ailleurs, quel que soit le type de contenu que vous enverrez à vos inscrits, le moment que vous choisirez pur leur demander de passer à l'achat va faire une énorme différence dans vos ventes.

En effet, comme pour toute relation, il y a besoin d'une période minimale pendant laquelle les membres de votre liste apprennent à vous connaitre et pendant laquelle vous apprenez à les connaitre et à connaitre leurs besoins.

Et comme pour toute relation, si vous cherchez à conclure trop vite, vous risquez de vous prendre un vent, voire peut-être une gifle.

Le fait que des personnes se sont inscrites à votre mailing list ne veut pas dire que vous avez tout de suite la permission de les bombarder avec toutes les offres de votre arsenal marketing.

Cela signifie juste que vous avez la permission de démarrer une relation avec eux, et au fur et à mesure que cette relation progresse, la conclure en demandant l'achat.

Il y a un marketeur qui envoie pendant 14 semaines de l'information totalement gratuitement sans aucune mention de vouloir vendre quoi que ce soit.

Ainsi, procéder de cette manière établi tellement de crédibilité que les lecteurs bondissent littéralement sur toute offre qu'il fait à partir de ce moment-là.

Sans forcément attendre aussi longtemps car beaucoup de personnes ont besoin de faire des ventes tout de suite, il existe un rythme naturel d'envoi de messages qui fonctionne particulièrement bien pour la majorité des listes, que vous allez découvrir en page suivante.

La méthode des "2 messages par semaine".

Cette méthode consiste à envoyer chaque semaine à votre mailing list un message informatif destiné à aider vos inscrits à résoudre leurs problèmes (qui peut être par exemple un article), puis un message promotionnel sur le sujet de l'article.

Cette méthode fonctionne incroyablement bien car, au même titre que vous respirez en deux temps en inhalant et en exhalant l'air, cette méthode semble naturelle et confortable pour la grande majorité des lecteurs.

Certains l'utilisent même pour envoyer des messages tous les jours, et ils obtiennent toujours de bons résultats.

Le premier message de cette méthode met l'accent sur le problème alors que le second message offre la solution au problème.

Le secret pour que cette méthode fonctionne est de ne pas donner toute l'information dès le premier message mais uniquement d'en donner une partie.

Puis, proposer dans le deuxième message de solutionner complètement le problème en recommandant le produit ou la formation.

L'idée est donc d'écrire des articles qui soient "utiles mais incomplets" tels que les nomme Jimmy Brown afin d'avoir un article qui aide réellement les gens, mais qui les pousse à acheter le produit pour résoudre le problème complet.

Voyons maintenant voir à quels moments envoyer vos emailings pour avoir le meilleur taux d'ouverture.

III.3- Les meilleurs jours et heures de la semaine pour envoyer vos emails.

Connaitre le meilleur moment pour envoyer vos emails est également un grand débat dans le marketing Internet.

Certains marketeurs sont connus pour dire qu'il y a seulement certains jours de la semaine qui fonctionnent mieux que d'autres, comme s'ils vous connaissaient personnellement et qu'ils savaient déjà tout sur votre business.

Cela dit, vous êtes le seul à pouvoir le déterminer selon votre propre business.

La fait est que selon le type de business que vous avez, vous allez avoir besoin de différentes planifications, comme on va le voir ci-dessous.

Heureusement, vous pourrez tester différents plannings et voir ce qui fonctionne le mieux pour vous.

Cela dit, on peut tout de même dire un mot sur le lundi matin, qui est en général un mauvais moment pour recevoir un email, quel qu'il soit, et ne produit pas de bons résultats chez de très nombreux marketeurs.

En revanche, le lundi après fonctionne nettement mieux.

La clé ici est de penser en fonction des habitudes de votre audience.

Vous devez vous demander à quel moment de la semaine et de la journée vos inscrits vont avoir le plus de temps libre à consacrer pour lire vos emails.

Ainsi :

Si vous démarchez des professionnels, il y a fort à parier qu'ils liront vos messages au travail et pas chez eux. Dans ce cas, vous préférerez que votre email arrive dans la journée, et en semaine.

Lorsque vous démarchez des professionnels, essayez d'envoyer votre message à 6 heures du matin.

Beaucoup de professionnels consultent leurs emails avant d'aller à leur bureau et vous pourriez ainsi obtenir plus d'attention en vous retrouvant en tête de pile et en étant le premier message qu'ils lisent.

Si vous démarchez des gens qui travaillent de chez eux ou qui souhaitent travailler de chez eux, il y a davantage de chances qu'ils liront votre email tard dans la soirée (ce qui est un bon argument pour faire un email court), ou pendant le week-end.

Si vous travaillez avec un groupe de personnes spécialisées dans un domaine particulier (par exemple avec les profs de maths), vous pouvez leur envoyer un sondage pour découvrir le moment qu'ils préfèrent pour recevoir vos emails.

Bien entendu, comme toute chose, vous devez faire des tests pour trouver le rythme qui convient le mieux à votre liste.

Bien qu'il n'existe pas de moment standard qui fonctionnera pour tout le monde, il y a un ensemble d'observations qui peuvent être faites en ce qui concerne les meilleurs moments pour envoyer un email, et les pires.

- Le lundi matin est un mauvais moment pour voir arriver un email.

En effet, les emails reçus le weekend se sont accumulés dans la boite de réception de vos membres, et il se peut que le vôtre soit effacé dans la précipitation au moment de faire le tri.

- Le vendredi est un excellent moment pour distribuer un cadeau gratuit à télécharger.

En effet, vu que les gens ont davantage de temps pour faire de l'ordinateur pendant le weekend et que votre cadeau est tout nouveau, il y a des chances qu'ils ne le mettent pas de côté par manque de temps et qu'ils prennent le temps de lire ou d'utiliser ce que vous venez de leur donner.

- Les produits à prix réduits sont très efficaces vers le début du mois, avoir payé tous ses prélèvements.

En effet, ce type d'offre vient à point lorsque les gens constatent qu'il ne leur reste que peut d'argent sur leur salaire une fois que tous les prélèvements du début du mois viennent de tomber (loyer, assurances, etc.).

- Le meilleur moment du mois pour vendre un produit en ligne est généralement juste après avoir touché son salaire (souvent en fin de mois).

Le meilleur moment pour vendre un produit est lorsque les gens viennent de toucher leur salaire (en général à la fin du mois), et juste avant que ce salaire ne soit ponctionné par tous les prélèvements que les gens doivent payer et qui arrivent souvent dans la première quinzaine du mois suivant.

En effet, c'est au moment de toucher leur salaire qu'ils disposent du plus gros montant disponible et qu'ils peuvent le plus facilement acheter un de vos produits.

L'idéal est bien entendu d'essayer de déterminer selon votre audience une tendance générale du moment où ils sont payés et du moment où tous leurs prélèvements ont été effectués.

Encore une fois, le mieux est de faire des tests.

- Les gens sont moins souvent sur leur ordinateur en été.

Vous devez donc travailler davantage à ce moment là pour réussir à les atteindre. La période du milieu de la semaine est dans ce cas la meilleure, car la plupart des gens voyagent durant le weekend afin de profiter des réductions weekend qu'offrent les compagnies de voyage.

Les observations ci-dessus sont évidemment de larges généralisations qui peuvent toutefois vous guider pour commencer, mais le but ultime est bien évidemment de déterminer la meilleure manière dont votre liste répond.

Une fois que vous avez déterminé ces meilleurs moments et la manière dont votre liste répond, vous serez en mesure de prédire avec fiabilité à quel moment envoyer des offres, à quel moment envoyer des rappels, et vous serez même capable de prévoir vos résultats de ventes.

Lorsque vous atteignez ce stade, vous aurez un pouvoir de marketing réel et durable, et pourrez commencer à expérimenter la liberté que peut apporter le fait de travailler sur Internet.

Un dernier conseil :

Assurez-vous de tester la rapidité d'envoi de votre fournisseur de service de messagerie.

Certains autorépondeurs de qualité tels que Aweber vont délivrer vos messages instantanément et exactement au moment spécifié, alors que d'autres autorépondeurs moins fiables peuvent délivrer un email avec plusieurs jours de retard.

La clé est de savoir à quel moment votre email est reçu par vos inscrits, afin de pouvoir vous organiser pour que vos messages arrivent exactement aux moments où vous l'avez décidé.

Voyons voir maintenant comment envoyer vos emails.

III.4- Comment envoyer vos emails.

Il existe plusieurs options pour envoyer vos messages à vos inscrits.

Le meilleur moyen et de loin le plus populaire demeure très certainement de faire appel aux services d'un autorépondeur, qui est un service dédié à envoyer vos emails ou séquences d'emails à votre place et aux moments où vous le décidez.

Les autres techniques telles que d'utiliser votre ordinateur ou des scripts sur un serveur sont désormais passés de mode et vous feraient passer pour un débutant.

Le meilleur autorépondeur est probablement Aweber.

Leur support client est irréprochable, leur interface facile à utiliser, et proposent les dernières nouveautés de ce qui se fait de mieux en terme d'email marketing.

Mais ce qui fait vraiment sa différence est sa capacité à délivrer vos messages exactement à l'heure.

Vous pouvez faire un envoi à l'ensemble de votre liste et constater vos premières ventes en moins de 10 minutes.

Vous avez également d'autres autorépondeurs de grande qualité tels que Getresponse ou iContact.

Ainsi, un bon autorépondeur vous permettra d'avoir, en plus d'un bon taux de délivrabilité, des fonctionnalités essentielles telles que :

- La possibilité d'envoyer un message au format HTML ou texte.

- La possibilité de désinscrire vos inscrits d'une liste s'ils s'inscrivent à une autre de vos listes, comme par exemple les désinscrire de votre liste de prospects pour les inscrire sur votre liste de clients dès qu'ils font leur premier achat.

- Traquer les taux d'ouverture et de clics.

Voyons voir maintenant comment mettre en forme vos emails.

III.5- Comment mettre en forme vos emails (format, longueur, largeur).

La manière dont vous mettez en forme vos emails doit refléter votre personnalité et votre manière de faire du business.

De la même façon que vous devez être vous-mêmes et exprimer votre personnalité sans chercher à copier les autres dans le fond de ce que vous allez dire et écrire comme on l'a vu au II.6, la forme est aussi importante et vous n'allez pas ici non plus chercher à copier le style de qui que ce soit.

Ainsi, si vous êtes une personne de nature concise, synthétique et qui va droit au but, écrivez vos messages sous une forme qui reflète votre côté factuel.

Si vous êtes plutôt une personne qui aime prendre soin de tout détailler dans les moindres détails, faites en sorte que la forme de vos messages corresponde à ce style.

Si vous êtes un peu artiste ou utilisez le graphisme, n'hésitez pas à utiliser par exemple des polices de caractères qui expriment cet état d'esprit.

La clé est d'être vous même aussi bien dans le fond que dans la forme.

Format de vos emails.

Vous avez plusieurs options possibles en ce qui concerne le format de vos emails :

Texte.

Ce type de formatage est le même que n'importe quel autre email que vous recevez. Il est facile à lire et pose peu de problème de délivrabilité s'il est bien écrit.

HTML.

Permet d'ajouter des mises en formes à votre message texte, allant de la plus basique avec de l'italique ou du gras jusqu'à avoir l'aspect d'une page web élaborée avec des graphismes divers.

C'est très facile à réaliser avec la plupart des autorépondeurs qui intègrent cette fonctionnalité.

Attention cependant, n'envoyez jamais un email en HTML seul sans l'accompagner avec sa version texte.

En effet, un email uniquement en HTML est perçu comme étant du spam par la plupart des filtres anti-spam et votre email pourrait être bloqué.

Hybride.

Il s'agit d'un message composé en HTML qui a l'air d'un message texte. L'avantage ici est que vous pouvez utiliser des effets tels que le gras ou l'italique tout en ayant un email qui a l'air de provenir d'un ami et pas d'un commercial.

L'email hybride est probablement le meilleur format qui utilise le meilleur des deux mondes.

Templates HTML.

Vous pouvez utiliser un template HTML qui donne à votre email le look d'un magazine.

Certaines personnes aiment beaucoup ce format car ils peuvent organiser leur message par sections et y mettre davantage de contenu.

Messages courts de teasing.

Ce type de message est souvent utilisé par les blogueurs. Le but est d'attirer les inscrits sur votre blog en mettant un message très court qui aguiche ou attire la curiosité et qui donne envie aux inscrits de cliquer et d'aller voir sur le blog.

En effet, la faiblesse des blogs est que les gens ne se rappellent pas forcément qu'il faut y retourner. Les messages courts de teasing sont donc parfaits pour le leur rappeler.

Cela marche bien évidemment avec tout type de site et pas seulement les blogs.

Messages longs.

Les longs messages fonctionnent très bien avec une audience fidèle. Au même titre que les longues lettres de vente vendent généralement mieux, les longs emails peuvent fonctionner à merveille lorsque votre audience vous connaît déjà bien et qu'elle vous fait confiance.

Longueur et largeur de vos emails.

Il n'y a pas de bonne longueur de message, et tout dépend de la longueur à laquelle sera le plus réceptive votre mailing list.

Ainsi, certains marketeurs ont un taux de réponse qui commence à chuter lorsque messages dépassent les 300 mots, alors que d'autres ont une audience qui s'attend à avoir un minimum de 1500 mots par message et qui paniquerait si elle ne voyait qu'un message de 300 mots.

Tout dépend donc de votre audience et de la manière dont vous avez développé la relation avec elle.

En revanche, une chose qui est vrai et universelle est que vous devez gérer la largeur de votre message.

L'une des meilleures largeurs d'un email est probablement de 60 caractères (espaces inclus) pour optimiser la lecture et pour s'adapter à quasiment tous les services d'emailing.

Encore une fois, comme toutes les choses dépendent de votre liste, c'est le fait de savoir à quoi répond le mieux votre liste qui devra guider votre décision de mise en forme.

Faites des tests avec des messages courts et des messages longs, des messages au format texte ou des messages au format HTML, puis regardez vos taux de clics dans l'interface de votre autorépondeur et vous découvrirez très rapidement la formule gagnante pour vous.

Vous allez maintenant voir combien créer de mailing lists différentes et pourquoi faire.

III.6- Combien créer de mailings lists différentes et pourquoi faire.

Vous avez probablement vu si vous utilisez ou avez commencé à utiliser un autorépondeur tel qu'Aweber comme vu précédemment qu'il est possible de créer plusieurs mailing lists.

Combien faut-il alors créer de mailing lists ?

Certaines personnes en ont créé deux. Ils ont créé une liste de prospects composés de gens qui n'ont encore rien acheté, et une autre liste de clients composée des gens qui ont déjà acheté quelque chose (il est possible de se désinscrire automatiquement d'une liste dès qu'on en rejoint une autre, comme on l'a vu au III.4).

Cela leur permet ainsi par exemple de faire des offres spécifiques ou des réductions aux clients pour les remercier.

Si cette première segmentation est une base minimale, l'idéal est d'aller beaucoup plus loin en ayant une mailing list de clients par produit dont vous faites la promotion.

Par exemple si vous faites la promotion de six produits différents, au lieu de n'avoir qu'une seule mailing list clients sur laquelle est ajouté tout client qui achète un des six produits, vous allez avoir une mailing list séparée pour chacun de ces produits, soit six mailing lists différentes.

Ainsi, vous saurez exactement qui a acheté quoi, ce qui vous donnera des indications d'une grande valeur.

En effet, dès que vous aurez un nouveau produit, vous saurez que les personnes ayant acheté votre produit A seront peut-être plus susceptibles d'acheter votre nouveau produit que les personnes ayant acheté le produit B, car il est complémentaire. Vous les démarcherez donc en priorité.

Par ailleurs, si un jour vous voulez faire une réduction de prix sur le produit D pour vos clients, il vous suffira d'exclure la liste de clients qui ont déjà acheté ce produit D afin qu'ils ne reçoivent pas inutilement cette réduction.

Ce luxe n'aurait pas été possible si vous n'aviez eu qu'une seule mailing list de clients, et les clients ayant déjà acheté le produit D n'auraient pas compris pourquoi vous leur envoyez une réduction de prix sur ce produit.

De la même façon, vous allez créer une mailing list de prospects différente pour chaque source gratuite que vous mettez en place pour capturer l'email des visiteurs.

Par exemple, si vous avez une source gratuite de capture où vous proposez sur un formulaire d'inscription un cadeau A en échange d'une inscription à votre mailing list, puis un autre formulaire sur lequel vous proposez de recevoir un PDF B avec les résultats d'une enquête, puis sur un autre encore où vous proposez de télécharger une fiche pratique C suite à la lecture d'un article, etc.

Vous allez donc créer ici une mailing list de prospects pour les personnes qui s'inscrivent pour recevoir le cadeau A, une autre pour l'enquête B, puis une autre encore pour la fiche pratique C, et ainsi de suite.

De cette manière, vous saurez exactement quel centre d'intérêt à permis à telle ou telle personne de devenir un inscrit à votre votre mailing list, ce qui vous permettra par la suite de cibler vos prospects bien plus précisément lorsque vous leur proposerez des produits.

En effet, toutes les personnes qui vont sur votre site ne sont pas forcément intéressées par tous les sujets qui y sont proposés.

Par exemple, admettons que vous ayez un blog sur l'alimentation en général et que quelqu'un se soit inscrit en téléchargeant un PDF sur les recettes de cuisine italiennes, et que dans trois ou six mois vous sortiez un produit sur la cuisine italienne.

Votre offre sera donc forcément plus ciblée pour cette personne-là plutôt que pour quelqu'un qui s'est inscrit pour télécharger votre enquête sur les dangers des sodas.

Même si vous avez ainsi 20 ou même 100 listes différentes, ce n'est absolument pas un problème car vous pouvez à chaque fois que vous faites un mailing décider la liste que vous voulez inclure.

Si vous souhaitez envoyer un mailing à toute votre liste, il suffit de sélectionner toutes les listes.

En revanche, une telle segmentation vous donnera un avantage considérable en termes de qualité de ciblage.

Par ailleurs, il n'est absolument pas gênant d'avoir une personne qui est inscrite à plusieurs de vos listes, par exemple un prospect qui a téléchargé plusieurs cadeaux ou un client qui a acheté plusieurs produits.

Certaines personnes ont parfois peur car elles se disent qu'elles ne savent pas exactement le nombre d'inscrits uniques sur leur liste et en plus se disent qu'elles vont payer davantage leur service d'autorépondeur qui se paye généralement à la quantité d'inscrits, par tranches (vous avez un prix pour 0 à 500 inscrits, puis un autre pour 500 à 2500, etc).

Avoir une personne inscrite à plusieurs listes n'est ici non plus pas du tout un problème car cela vous permet de les cibler en fonction de leurs centres d'intérêts, ce qui est une chose extrêmement puissante.

Par exemple, une personne inscrite à quatre mailing list différentes sur quatre sujets différents va être intéressée par ces quatre sujets, vous pourrez donc lui envoyer des offres ciblées en lien avec ces sujets.

Par ailleurs, cela vous permet aussi de garder votre mailing list actualisée car les gens n'utilisent pas le même email toute leur vie et bien souvent, votre liste aura perdu 50% de sa valeur d'ici 3 ans car les gens changent ou abandonnent leur adresse email.

Ainsi, le fait de proposer régulièrement de nouvelles opportunités de s'inscrire à d'autres de vos mailing lists a énormément de valeur, puisque c'est de cette manière que vous maintiendrez votre mailing list active.

Maintenant que vous savez combien de mailing lists créer et que vous savez pourquoi, il est temps de conclure ce troisième module qui prend fin ici.

Ceci termine ce troisième module.

Vous avez vu l'ensemble des éléments qui vont vous permettre de gérer vos emailings le plus efficacement possible et maximiser vos taux d'ouverture, de clics et vos ventes.

Vous avez vu dans un premier temps à quelle fréquence envoyer vos emails.

Puis, vous avez ensuite découvert les 7 meilleurs types de contenus à envoyer à votre mailing list ainsi que les meilleurs jours et heures de la semaine pour les envoyer.

Vous avez également pu voir quel est le meilleur outil à utiliser pour envoyer vos emails et comment mettre en forme vos emails en termes de format, de longueur et de largeur.

Enfin, vous avez vu combien créer de mailing lists différentes et quelles en étaient les raisons.

Cette formation touche désormais à sa fin et il reste à la conclure en page suivante.

CONCLUSION.

Voici la fin de cette formation.

Vous avez découvert un système email marketing complet fait d'un ensemble de procédures qui vous ont permis de construire une mailing list de prospects ciblés avec les techniques les plus efficaces.

Vous avez également pu voir comment construire une solide relation de confiance et crédibilité avec votre liste et la ramener à la vie si votre liste était devenue inactive et n'ouvrait plus vos emails.

Enfin, vous avez pu transformer vos inscrits en clients récurrents de manière à pouvoir en extraire un maximum d'argent, et également en véritables ambassadeurs qui feront l'éloge de votre blog ou site autour d'eux.

Ainsi, bien que vous n'ayez pas besoin d'avoir une grande mailing list pour gagner beaucoup d'argent en ligne, c'est une excellente idée que de commencer à construire la vôtre, à la faire grossir et à développer une relation basée sur la confiance et la crédibilité avec les membres de cette liste.

Vous avez peut-être déjà entendu dire que la plupart des marketeurs peuvent voir un de leur business totalement balayé et en reconstruire un autre en utilisant uniquement leur mailing list.

Bien que ce soit peut-être un peu exagéré, il n'en demeure pas moins qu'une mailing list cultivée de la bonne façon est très certainement l'atout de plus grande valeur que puisse posséder un marketeur.

Construire et cultiver une mailing list est facile lorsque vous incorporez les actions requises pour le faire dans les pratiques quotidiennes de votre business.

Si votre site ne possède qu'une centaine de visiteurs par jour et que vous convertissez 20 de ces visiteurs en inscrits, vous aurez en une année **une mailing list de plus de 7000 personnes**.

Avec une telle liste, vous pourrez non seulement atteindre très facilement votre indépendance financière, mais aussi bâtir un business extrêmement lucratif et littéralement générer de l'argent à la demande.

Cela dit, le fait de pouvoir gagner beaucoup d'argent, qu'il s'agisse d'une liste de 7000 personnes ou de 70000, dépendra exclusivement de la façon dont vous développerez votre relation avec eux, des types de produits que vous offrirez, et de la crédibilité que vous aurez réussi à générer dans vos efforts marketing.

Peu importe la taille de votre mailing list, percevez votre liste pour ce qu'elle est : un ensemble de personnes qui récompenseront votre dur travail en achetant vos produits et ceux que vous recommandez de manière récurrente, et pendant de nombreuses années à venir, ce qui est une chose merveilleuse.

Je vous souhaite donc tous mes voeux de succès dans la construction et le développement de votre mailing list et vous dis à bientôt, j'espère, dans une prochaine formation.

A PROPOS DE L'AUTEUR.

Rémy Roulier est un ancien ingénieur informatique et responsable marketing dans une multinationale.

Il est aujourd'hui auteur best-seller, digital nomad et voyage partout dans le monde, ayant acquis depuis plus de dix ans une véritable expertise dans le marketing internet et le développement personnel.

Il partage aujourd'hui ses outils et son expérience pour permettre aux autres d'atteindre également leur indépendance financière et de façonner leur vie telle qu'ils la désirent vraiment.

CRÉATIONS DU MÊME AUTEUR.

Retrouvez mes nombreuses créations directement sur Amazon.

En voici aussi quelques-unes qui peuvent vous servir :

LA RETRAITE À 30 ANS: COMMENT PRENDRE SA RETRAITE ET ATTEINDRE L'INDEPENDANCE FINANCIERE 4 FOIS PLUS VITE QUE LES AUTRES, VOYAGER, VIVRE SES REVES ET ETRE HEUREUX.
Une méthode qui vous guide pas-à-pas pour prendre votre retraite et arrêter de travailler le plus rapidement possible et 4 fois plus vite ou plus que les autres. Dévorez vite ces informations qui bientôt redeviendront introuvables, et qui vont vous permettre de prendre votre retraite à 30 ans, voyager, vivre vos rêves et être heureux.

TRAFIC WEB EXTRÊME EN CREANT UN FAUX LIVRE: COMMENT ECRIRE UN LIVRE INCONTOURNABLE SANS RIEN REDIGER ET PROPULSER SON BLOG, DECUPLER SON TRAFIC INTERNET, EXPLOSER SA MAILING LIST.
Découvrez comment vous pouvez facilement et rapidement créer un livre qui soit incontournable dans votre thématique sans rien devoir rédiger. Puis, distribuez-le pour faire le buzz, décupler votre trafic et exploser votre mailing list de personnes hyper ciblées. Avec cette technique, certains sont devenus N°1 de leur thématique, pourquoi pas vous?

VOTRE PREMIER SMIC SUR INTERNET EN 72 HEURES:
LE SYSTEME INEDIT LE PLUS RAPIDE POUR GAGNER DE L'ARGENT SUR
INTERNET QUAND ON N'A PAS LE TEMPS ET GENERER 1200 EUROS EN 3
JOURS SANS CREER DE PRODUIT.

Une méthode inédite pour générer vos premiers 1200 euros en ligne en seulement 3 jours et sans créer de produit. A posséder absolument pour tous ceux qui n'ont plus le temps ou qui ont déjà tout essayé pour gagner de l'argent sur Internet. Cette méthode va tout changer.

TITRES QUI VENDENT:
DANS 47 MINUTES VOUS ECRIREZ DES TITRES FACEBOOK, ADWORDS,
BLOG, PAGE DE VENTE, EMAIL COMME UN PRO DU COPYWRITING!

Découvrez les secrets et les 101 meilleurs templates pour créer des titres chocs qui vont vous rapporter (très) gros, et acquérir les compétences des meilleurs copywriters en seulement 47 minutes!

ECRIRE UN EBOOK IRRESISTIBLE EN UN WEEK-END:
LA NOUVELLE METHODE POUR ECRIRE UN LIVRE QUE LES LECTEURS
ADORENT, PRET A VENDRE LUNDI MATIN.

Laissez-vous guider par une procédure simple et d'une efficacité redoutable pour créer en seulement un week-end un ebook que les gens vont s'arracher, même si vous n'êtes pas expert dans un domaine.

DEVENIR RICHE EN 42 JOURS:
LA METHODE PAS-A-PAS POUR.GAGNER DE L'ARGENT SUR INTERNET ET
VIVRE SES REVES EN PARTANT DE RIEN.

Une méthode prouvée qui vous guide pas-à-pas et vous permet d'atteindre votre indépendance financière en 42 jours grâce à Internet, même si vous démarrez actuellement de rien. Un must à ne pas manquer.